LATVIEŠU-
ANGĻU
sarunvārdnīca

LATVIAN-
ENGLISH
Phrasebook

AVOTS

Sastādījusi *Dzintra Kalniņa*

Vāku noformējis *Viktors Parkovs*

ISBN 9984–757–53–6

Satura rādītājs

Priekšvārds

Latviešu–angļu sarunvārdnīca ir domāta tiem, kas dodas tūrisma vai darījumu braucienā, apciemo vai uzņem draugus un paziņas, raksta vēstules.

Sarunvārdnīca ir sastādīta tā, lai to varētu ērti izmantot, tāpēc katrā tematiskajā nodaļā ir iekļauta rubrika «Biežāk uzdotie jautājumi un saņemtās atbildes», kur galvenā vieta ir ierādīta angļu valodai. Tekstam angļu valodā ir dota fonētiskā transkripcija. Galvenā uzsvara zīme fonētiskajā transkripcijā ir likta augšā pirms uzsvērtās zilbes. Palīguzsvars ir parādīts apakšā uzsvērtās zilbes priekšā.

Angļu valodas alfabēts

Zināt angļu valodas alfabētu ir nepieciešams, lai varētu nosaukt vārdu pa burtiem, jo angļu valodā rakstība atšķiras no vārda izrunas.

Drukātie burti	Rakstītie burti	Izruna	Drukātie burti	Rakstītie burti	Izruna
Aa	$\mathcal{A}a$	ei	Nn	$\mathcal{N}n$	en
Bb	$\mathcal{B}b$	bi:	Oo	$\mathcal{O}o$	əʊ
Cc	$\mathcal{C}c$	si:	Pp	$\mathcal{P}p$	pi:
Dd	$\mathcal{D}d$	di:	Qq	$\mathcal{Q}q$	kju:
Ee	$\mathcal{E}e$	i:	Rr	$\mathcal{R}r$	a:
Ff	$\mathcal{F}f$	ef	Ss	$\mathcal{S}s$	es
Gg	$\mathcal{G}g$	dʒi:	Tt	$\mathcal{T}t$	ti:
Hh	$\mathcal{H}h$	eitʃ	Uu	$\mathcal{U}u$	ju:
Ii	$\mathcal{I}i$	ai	Vv	$\mathcal{V}v$	vi:
Jj	$\mathcal{J}j$	dʒei	Ww	$\mathcal{W}w$	'dʌblju:
Kk	$\mathcal{K}k$	kei	Xx	$\mathcal{X}x$	eks
Ll	$\mathcal{L}l$	el	Yy	$\mathcal{Y}y$	wai
Mm	$\mathcal{M}m$	em	Zz	$\mathcal{Z}z$	zed

Vārdnīcā lietotās fonētiskās transkripcijas zīmes*

Patskaņi un divskaņi

æ	–	h*a*t	ɔ:	–	s*aw*
ʌ	–	c*u*p	u:	–	t*oo*
e	–	t*e*n	ai	–	f*i*ve
ə	–	*a*go	aʊ	–	n*ow*
i	–	s*i*t	ei	–	p*a*ge
ɒ	–	g*o*t	eə	–	h*air*
ʊ	–	p*u*t	iə	–	n*ear*
ɑ:	–	*ar*m	ɔi	–	j*oi*n
ɜ:	–	f*ur*	əʊ	–	h*o*me
i:	–	b*ee*	ʊə	–	p*ure*

Līdzskaņi un puspatskaņi

b	–	*b*ad	s	–	*s*o
d	–	*d*ad	t	–	*t*ide
f	–	*f*all	v	–	*v*oice
g	–	*g*ot	w	–	*w*ay
h	–	*h*e	z	–	*z*oo
j	–	*y*ou	ŋ	–	bri*ng*
k	–	*c*at	θ	–	*th*in
l	–	*l*ike	ð	–	*th*en
m	–	*m*e	ʃ	–	*sh*e
n	–	*n*o	ʒ	–	vi*si*on
p	–	*p*en	tʃ	–	*ch*erry
r	–	*r*ead	dʒ	–	*j*ust

* Fonētiskās zīmes lasāmas tā, kā izrunājami kursīvā
  iespiestie burti dotajos vārdos.

Norādījumi par dažu burtu un burtu savienojumu izrunu angļu valodā

Patskaņi

Patskani izrunā alfabētiski, ja tas atrodas t.s. vaļējā zilbē, t.i., zilbes beigās pirms cita patskaņa, vai arī ja patskanim seko viens līdzskanis un neizrunājams *e*:

a = [ei]: take
o = [əʊ]: no
u = [ju:]: que
i, y = [ai]: fire, shy

Patskani izrunā īsi, ja tas atrodas t.s. slēgtā zilbē, t.i., ja zilbi noslēdz viens vai vairāki līdzskaņi:

a = [æ]: bank
o = [ɒ]: lock
u = [ʌ]: stuck
u = [ʊ]: put
e = [e]: set
i = [i]: sink

Patskani izrunā gari, ja tam seko *r* un līdzskanis:

a = [ɑ:]: arm
o = [ɔ:]: born
u = [ɜ:]: turn
e = [ɜ:]: herb
i = [ɜ:]: firm

Ja patskanim seko *r* un vēl viens patskanis, to izrunā šādi:

a = [eə]: bare
u = [jʊə]: secure
e = [iə]: mere
i, y = [aiə]: satire, tyre

Līdzskaņi

ch = [tʃ]: child
ck = [k]: neck
kn = [n]: knot
ng = [ŋ]: bring
ph = [f]: phone
sh = [ʃ]: ash
th = [θ, ð]: through, those
wh = [w]: what
wr = [r]: wrong
x = [ks]: fox
c pirms e, i, y = [s]: cycle
c pirms a, o, u = [k]: cotton
g pirms e, i, y = [dʒ]: gentle
g pirms a, o, u = [g]: gang
qu pirms patskaņiem = [kw]: quiz

Digrāfi

au = [ɔ:]: fault
aw = [ɔ:] law

eu = [ju:]: Europe
ew = [ju:]: few
oo = [u:, ʊ]: doom, good
oi = [ɔi]: spoil
oy = [ɔi]: toy
ee = [i:]: eel

D a ž u   i z s k a ņ u   i z r u n a

-age = [-idʒ]: sewerage
-able = [-əbl]: fashionable
-ssion = [-ʃən]: impression
-tion = [-ʃən]: nation
-ture = [-tʃə]: nature

VISPĀRĪGAS FRĀZES

Iegaumē!

Jā.
Yes. [jes]

Jā, protams.
Yes, certainly. / Yes, of course.
[jes 'sɜ:tənli / jes əv 'kɔ:s]

Bez šaubām.
Of course. / Sure. [əv 'kɔ:s / ʃʊə]

Tieši tā.
Exactly. / Precisely. [ig'zæktli / pri'saisli]

Paldies.
Thank you (very much). [θæŋk ju: ('veri mʌtʃ)]

Atvainojiet! (*ja kaut ko neesat sapratis*)
Pardon? / Excuse me? [pɑ:dn / iks'kju:z mi:]

Sasveicināšanās un atvadīšanās

Sveicināti!
Hello! / How do you do?
[hə'ləʊ / ˌhaʊdjʊ'du:]

Sveiki!
Hi! [hai]

Labrīt!
Good morning! [gʊd 'mɔ:niŋ]

Labdien!
Good afternoon! [gʊd ˌɑːftə'nu:n]

Labvakar!
Good evening! [gʊd 'i:vniŋ]

Arlabunakti!
Goodnight! ['gʊdnait]

Laipni lūdzam!
Welcome! ['welkəm]

Kā klājas?
How are you (doing)? [haʊ ɑ: ju: ('dʊ:iŋ)]

Kā iet?
How's it going? [haʊs it 'gəʊiŋ]

Kas jauns?
What's up? [wɒts ʌp]

Kas notiek?
What's happening? [wɒts ˈhæpnɪŋ]

Ar ko nodarbojies?
What have you been doing?
[wɒt hæv ju: bi:n ˈduːɪŋ]

Sen neesmu tevi saticis.
Haven't seen you around for a while.
[hævnt si:n ju: əˈraʊnd fɔ: ə wail]

Uz redzēšanos!
Good-bye! [gʊdˈbai]

Atā!
Bye-bye! / See you soon! / See you (later)! So long! / Cheerio!
[baiˈbai / si: ju: su:n / si: ju: (ˈleitə) / səʊ lɒŋ / ˌtʃiriˈəʊ]

Laimīgu ceļu!
Have a nice trip! / Farewell!
[ˈhæv ə nais trip / ˌfeəˈwel]

Vēlu veiksmi!
Good luck! [gʊd 'lʌk]

Visu labu!
All the best! [ɔ:l ðə best]

Bija prieks jūs satikt.
It was nice meeting you.
[it wɒz 'nais 'mi:tiŋ ju:]

Ceru jūs satikt vēl.
I'm looking forward to seeing you again.
[aim 'lʊkiŋ 'fɔ:wəd tə 'si:iŋ ju: ə'gen]

Tiksimies nākamnedēļ.
See you next week. [si: ju: nekst wi:k]

Pasveiciniet visus no manis!
Give my regards to everyone!
[giv mai ri'gɑ:ds tʊ 'evriwʌn]

Iepazīšanās

Iepazīstieties ar ... .
I want you to meet ... ./ This is ... .
[ai wɔnt ju: tə mi:t / ðis iz]

Iepazīsimies, mani sauc ... .
Let me introduce myself, my name is ... ./
Allow me to introduce myself, my name is ... .
[let mi: ˌintrə'dju:s mai'self mai neim iz / ə'laʊ mi:
tʊ ˌintrə'dju:s mai'self mai neim iz]

Atļaujiet iepazīstināt jūs ar manu kolēģi.
May I introduce my colleague?
[mei ai intrə'dju:s mai kɒ'li:g]

**Lūdzu, iepazīstiniet mūs ar savu vīru /
sievu.**
Will you introduce your husband / wife to us?
[wil ju: ˌintrə'dju:s jɔ: 'hʌzbənd / waif tʊ ʌs]

**Iepazīstieties ar manu draugu / draudzeni
(draugiem).**
Meet my friend (friends).
[mi:t mai frend (frendz)]

Viņu sauc ... .
His / her name is ... . [hiz / hɜ: neim iz]

Ļoti patīkami.
Nice to meet you. / (I'm) pleased to meet you.
[nais tə mi:t ju: / (aim) pli:zd tə mi:t ju:]

No kurienes jūs esat?
Where are you from? [weə ɑ: ju: frɒm]

Esmu Latvijas pilsonis.
I am a citizen of Latvia.
[ai əm ə 'sitizən əf 'lætviə]

Es esmu ... .
I am ... . [ai əm]
   - no Rīgas
   - from Riga [frɒm rigə]

   - no Latvijas
   - from Latvija [frɒm 'lætviə]

   - no Lielbritānijas
   - from Great Britain [frɒm greit britn]

Ar ko jūs nodarbojaties?
What is your job? / What do you do for a living?
[wɒt iz jɔ: dʒɒb / wɒt dʊ ju: du: fɔ: ə 'liviŋ]

Es esmu ... .
I'm ... . [aim]

- uzņēmējs / uzņēmēja
- a businessman / businesswoman
  [ə 'biznismæn / 'biznis'wʊmən]

- mākslinieks / māksliniece
- an artist [ən 'ɑːtist]

- grāmatvedis / grāmatvede
- an accountant [ən ə'kaʊntənt]

- uzņēmuma direktors / direktore
- a company director
  [ə 'kʌmpəni dai'rektə]

- students / studente
- a student [ə 'stjuːdənt]

- skolotājs / skolotāja
- a teacher [ə 'tiːtʃə]

- medmāsa / medbrālis
- a nurse [ə nɜːs]

- pārdevējs / pārdevēja
- a salesperson [ə seils'pɜːsn]

- pensionārs / pensionāre
- a senior citizen (sinonīms: a pensioner)
  [ə 'siːniə 'sitizn / ə 'penʃənə]

Es strādāju ... .
I work in ... . [ai 'wɜːk in]
- **firmā**
  - a company [ə 'kʌmpəni]

- **bankā**
  - a bank [ə bæŋk]

- **birojā**
  - an office [ən 'ɒfis]

- **skolā**
  - a school [ə skuːl]

Es esmu mājsaimniece.
I'm a housewife. [aim ə 'haʊswaif]

Es esmu bezdarbnieks / bezdarbniece.
I'm out of work. / I'm unemployed.
[aim aʊt əv wɜːk / aim ˌʌnim'plɔid]

Es nestrādāju (pagaidām).
I don't work (temporarily).
[ai dəʊnt wɜːk ('tempərərili)]

Kur tu mācies?
Where do you study? [weə dʊ juː stʌdi]

Es mācos ... .

I study ... . [ai 'stʌdi]

- **tehnikumā**
- at technical college
  [ət 'teknikəl 'kɒlidʒ]

- **universitātē**
- at university [ət ˌjuːniˈvɜːsiti]

- **koledžā**
- in college [in 'kɒlidʒ]

Es studēju ... .

I study ... . [ai 'stʌdi]
- **eksaktās zinātnes**
- sciences ['saiənsiz]

- **humanitārās zinātnes**
- arts [ɑːts]

- **arhitektūru**
- architecture ['ɑːkitəktʃə]

- **ģeogrāfiju**
- geography [dʒiˈɒgrəfi]

- **ekonomiku**
- economics [ikəˈnɒmiks]

- tieslietas
- law [lɔ:]

- mākslas vēsturi
- art history [ɑ:t 'histəri]

- medicīnu
- medicine ['medsin]

- svešvalodas
- foreign languages ['fɔrin 'læŋgwidʒiz]

Vai jūs runājat ...? / Es (ne)runāju ... .
Do you speak ... . / I (don't) speak ... .
[dʊ ju: spi:k / ai dəʊnt spi:k]
    - angliski
    - English ['ingliʃ]

    - krieviski
    - Russian ['rʌʃən]

    - vāciski
    - German ['dʒɜ:mən]

    - franciski
    - French [frentʃ]

Es (mazliet) saprotu.
I understand (a little). [ai ˌʌndə'stænd ə litl]

Es nesaprotu.
I don't understand.
[ai dəʊnt ˌʌndə'stænd]

Lūdzu, runājiet lēnāk.
Speak more slowly please.
[spi:k mɔ: sləʊli pli:z]

Vai jūs varētu runāt lēnāk, lūdzu?
Could you speak more slowly, please?
[kʊd ju: spi:k mɔ: 'sləʊli pli:z]

Vai jūs neatkārtotu vēlreiz?
Could you repeat that? [kʊd ju: ri'pi:t ðæt]

Atvainojiet! Ko jūs teicāt?
Excuse me! What did you say?
[iks'kju:z mi: wɒt did ju: sei]

Nosauciet pa burtiem, lūdzu.
Could you spell it? [kʊd ju: spel it]

Vai jūs nevarētu uzrakstīt?
Could you write it down, please?
[kʊd ju: rait it daʊn pli:z]

Ko tas nozīmē?
What does this / that mean?
[wɒt dʌz ðis / ðət mi:n]

Man vajadzīgs tulks.
I need an interpreter. [ai ni:d ən in'tɜ:pritə]

Vai jūs neparādītu šo frāzi grāmatā?
Could you show me this expression in the
book? [kʊd ju: ʃəʊ mi: ðis iks'preʃən in ðə bʊk]

Vai jūs neuzrakstītu savu adresi?
Could you write down your address?
[kʊd ju: rait daʊn jɔ: ə'dres]

Nosauciet savu telefona numuru, lūdzu.
Give / tell me your telephone number, please.
[giv / tel mi: jɔ: 'telifəʊn 'nʌmbə pli:z]

Frāzes brīvai sarunai

Klausies!
Listen! ['lisn]

Klausies, ko tev saku!
Listen to me! ['lisn tə mi:]

Jā, protams.
Yes, certainly. / Yes, of course.
[jes 'sɜ:tnli / jes əv 'kɔ:s]

Protams.
Sure. / Naturally. [ʃʊə / 'nætʃərəli]

Tieši tā.
Exactly. / Precisely. / That's right.
[ig'zæktli / pri'saisli / ðæts rait]

Jums taisnība.
Right you are. [rait ju: 'ɑ:]

Domāju, ka jā.
I think so. / I suppose so.
[ai θiŋk səʊ / ai sə'pəʊz səʊ]

Baidos, ka jā.
I'm afraid so. [aim ə'freid səʊ]

Tā izskatās.
Looks like that. / Appears like that.
[lʊks laik ðæt / ə'piəz laik ðæt]

(Ļoti) iespējams.
(Most) likely. / (Most) probably.
[(məʊst) 'laikli / (məʊst) 'prɒbəbli]

Protams, nē.
Of course, not. / Certainly, not.
[əv 'kɔ:s nɒt / 'sɜ:tnli nɒt]

Nekādā gadījumā!
No way! [nəʊ wei]

Es jums nepiekrītu.
I don't agree with you.
[ai dəʊnt əˈgriː wið juː]

Pilnīgi pretēji!
On the contrary! [ɒn ðə ˈkɒntrəri]

Ne tuvu tam.
Far from it. [fɑː frɒm it]

Baidos, ka ne.
I am afraid not. [ai əm əˈfreid nɒt]

Diemžēl ... .
Unfortunately ... . [ʌnˈfɔːtʃənitli]

Es tam neticu.
I don't believe it. [ai dəʊnt biˈliːv it]

Es tā neteiktu.
I wouldn't say so. [ai ˈwʊdnt sei səʊ]

Diez vai.
Hardly. / Not likely. [ˈhɑːdli / nɒt ˈlaikli]

Šaubos.
I doubt it. [ai daʊt it]

Neesmu pārliecināts / pārliecināta.
I'm not sure. [aim nɒt ʃʊə]

Nekad nevar būt pilnīgi pārliecināts / pārliecināta.
One can never tell. / You never know.
[wʌn kən ˈnevə tel / ju: ˈnevə nəʊ]

Grūti teikt.
(It's) hard to say. [(its) hɑːd tə sei]

Varbūt.
May be. [mei biː]

Iespējams.
It's possible. [its ˈpɒsibl]

Pilnīgi ticams.
Most likely. [məust ˈlaikli]

Man šķiet.
It seems to me. [it siːmz tə miː]

Pieņemsim, ka ... .
Let's assume that ... . [lets əˈsjuːm ðæt]

Tā gadās.
Things happen. [θiŋz 'hæpən]

Es saprotu.
I understand. [ai ˌʌndə'stænd]

Es nesaprotu.
I don't understand. [ai dəʊnt ˌʌndə'stænd]

Vai jūs saprotat?
Do you understand? [dʊ ju: ˌʌndə'stænd]

Es nesaklausīju.
I didn't hear. [ai didn hiə]

Pasaki kaut ko.
Say something. [sei 'sʌmθiŋ]

Par ko tu runā?
What are you talking about?
[wɒt ɑ: ju: 'tɔ:kiŋ ə'baʊt]

Tu tā teici, vai ne?
You said that, didn't you?
[ju: sed ðæt didn ju:]

Es neko neteicu.
I didn't say anything. [ai didn sei 'eniθiŋ]

Parunāsim par to vēlāk.
Let's talk about it later.
[lets tɔːk əˈbaʊt it ˈleitə]

Beidz žēloties!
Stop complaining! [stɒp kəmˈpleiniŋ]

Nerunā tik skaļi.
Don't talk so loudly. [dəʊnt tɔːk səʊ ˈlaʊdli]

Runā skaļāk!
Speak up! [ˈspiːk ʌp]

Runā lēnāk.
Speak slower. [spiːk ˈsləʊə]

Pasaki to vēlreiz.
Say it again. [sei it əˈgen]

Informācija par cilvēku

Kā jūs sauc?
What's your name? [wɒts jɔː neim]

Cik jums gadu?
How old are you? [haʊ əʊld ɑː juː]

Man ir ... gadu.
I'm ... (years old). [aim ... (jɪəz əʊld)]

Vai jūs esat precējies / precējusies?
Are you married? [ɑ: ju: 'mærid]

Es esmu ... .
I am ... . [ai əm]
   - **precējies / precējusies**
   - married ['mærid]

   - **neprecējies / neprecējusies**
   - single [siŋgl]

   - **atraitnis / atraitne**
   - a widower / widow [ə 'widəʊə / 'widəʊ]

   - **šķīries / šķīrusies**
   - divorced [di'vɔ:st]

Vai jums ir ...?
Do you have ...? [dʊ ju: hæv]
   - **bērni**
   - children ['tʃildrən]

   - **māsas**
   - sisters ['sistəz]

- brāļi
- brothers ['brʌðəz]

Man ir ... .
I have ... [ai hæv]
    - viens bērns
    - one / a child [wʌn / ə tʃaild]

    - divi bērni
    - two children [tu: 'tʃildrən]

    - jaunāka māsa
    - a younger sister [ə 'jʌŋə 'sistə]

    - vecāka māsa
    - an elder sister [ən 'eldə 'sistə]

    - divi brāļi
    - two brothers [tu: 'brʌðəz]

Cik vecs / veca ir jūsu ...?
How old is your ...? [haʊ əʊld iz jɔ:]
    - dēls
    - son [sʌn]

    - meita
    - daughter ['dɔ:tə]

Viņam / viņai ir ... .
He / she is ... . [hi: / ʃi: iz]
- **astoņi gadi**
- eight [eit]

- **divdesmit gadu**
- twenty ['twenti]

VĀRDNĪCA: personas dati

---

name [neim] / **surname** ['sɜ:neim]	uzvārds
first [fɜ:st] / **Christian name** ['kristʃən neim]	vārds
address [ə'dres]	adrese
street [stri:t]	iela
house number [haʊs 'nʌmbə]	mājas numurs
place of residence [pleis əv 'rezidəns]	dzīves vieta
postcode ['pəʊstkəʊd]	pasta indekss
country ['kʌntri]	valsts
telephone number ['telifəʊn 'nʌmbə]	telefona numurs
citizenship ['sitizənʃip]	pilsonība
age [eidʒ]	vecums
date of birth [deit əv bɜ:θ]	dzimšanas datums
place of birth [pleis əv bɜ:θ]	dzimšanas vieta
sex [seks]	dzimums

---

male [meil] / **female** ['fi:meil]	vīrietis / sieviete
single ['siŋgl]	neprecējies / neprecējusies
married ['mærid]	precējies / precējusies
separated ['sepəreitid]	dzīvo atsevišķi
divorced [di'vɔ:st]	šķīries / šķīrusies
widowed ['widəʊd]	atraitnis / atraitne
occupation [ˌɒkjʊ'peiʃən]	profesija
place of work [pleis əv wɜ:k]	darbavieta
income ['inkəm]	ieņēmumi, ienākumi
document ['dɒkjʊmənt]	dokuments
passport ['pɑ:spɔ:t]	pase
identity card [ai'dentiti kɑ:d]	personu apliecinošs dokuments
... number ['nʌmbə]	... numurs
issued on ['iʃu:d ɒn]	izdots (kad)
issued in ['iʃu:d in]	izdots (kur)
valid until ['vælid ən'til]	derīgs līdz

Pieklājības frāzes

K o m p l i m e n t i

Cik jauki no jūsu puses!
That's very kind (of you)!
[ðæts 'veri kaind əv ju:]

Cik jauka māja!
What a lovely house! [wɒt ə 'lʌvli haʊs]

Tas ir ļoti laipni no jums. Paldies!
It is very kind of you! Thanks!
[it iz 'veri kaind əv juː] [θænks]

Neaizmirstiet viņam / viņai pateikt paldies par palīdzību!
Don't forget to thank him / her for help!
[dəʊnt fə'get tə θænk him / hɜː fɔː help]

Paldies par ... .
Thank you for ... [θænk juː fɔː]
  - **palīdzību**
  - help [help]

  - **laipnību**
  - kindness ['kaindnəs]

  - **viesmīlību**
  - hospitality [ˌhɒspi'tæliti]

  - **ielūgumu**
  - invitation [invi'teiʃn]

  - **brīnišķīgo dāvanu**
  - wonderful gift ['wʌndəfʊl gift]

brīnišķīgs	wonderful ['wʌndəfʊl]
iespaidīgs	impressive [im'presiv]
interesants	interesting ['intrəstiŋ]
labs	good [gʊd]
lielisks	great [greit]
oriģināls	original [ə'ridʒənəl]
patīkams	pleasant [plezənt]
simpātisks	pretty ['priti]

Lūgums

Iegaumē!

lūgt / lūgties kādu kaut ko izdarīt	**to ask / to beg** somebody to do something
vaicāt kādam kaut ko	**to ask** somebody (for) something
lūgt / izlūgties kaut ko no kāda	**to beg** somebody for something

Atļausiet?
May I? [mei ai]

Vai drīkstu lūgt jūs kaut ko izdarīt (manā labā)?
May I ask you a favour?
[mei ai ɑ:sk ju: ə ˈfeivə]

Lūdzu, palīdziet!
Help me please! [help mi: pli:z]

Vai jūs man nepalīdzētu?
Could you help me, please?
[kʊd ju: help mi: pli:z]

Vai drīkstu lūgt ...?
Could I have ...? [kʊd ai hæv]

Vai jūs nevarētu nofotografēt mūs?
Could you take a photo of us, please?
[kʊd ju: teik ə ˈfəʊtəʊ əv ʌs pli:z]

Vai jūs nepateiktu, kā nokļūt līdz tuvākajai pludmalei?
May I ask you the way to the nearest beach?
[mei ai ɑ:sk ju: ðə wei tə ðə ˈniərist bi:tʃ]

Es jūs lūdzu, nebrauciet tik ātri.
I beg you not to drive the car so fast.
[ai beg ju: nɒt tə draiv ðə kɑ: səʊ fɑːst]

Es jūs lūdzu.
I ask you. / I beg you!
[ai ɑ:sk ju: / ai beg ju:]

Lūdzu, apstājieties šeit.
Please stop here. [pli:z stɒp hiə]

Lūdzu, nedaudz uzgaidiet!
Please wait a moment!
[pli:z weit ə ˈməʊmənt]

Protams. / Kāda runa! (*atbilde uz lūgumu*).
Of course! / No problem!
[əv kɔ:s / nəʊ ˈprɒbləm]

Pateicība

Paldies!
Thank you! / Thanks! / Ta!
[θænk ju: / θæŋks / tɑ:]

Liels paldies!
Thank you very much! / Many thanks!
[θænk ju: ˈveri mʌtʃ / ˈmeni θænks]

Pateicos no visas sirds!
Thank you with all my heart!
[θænk ju: wið ɔ:l ˈmai hɑ:t]

Atbilde uz pateicību

Nav par ko!
Don't mention it! [dəʊnt menʃən it]

**Man prieks, ka esat apmierināts /
apmierināta!**
The pleasure is all mine! [ðe ˈpleʒə iz ɔ:l main]

Atvainošanās

ATCERIES! Vārds *sorry* tiek lietots, ja cilvēks izdarījis kaut ko nepareizi. Ja nepieciešams pievērst kāda uzmanību, jālieto forma *excuse me*.

Man (ļoti) žēl.
I'm (so) sorry. [aim (səʊ) ˈsɒri]

Man jāatvainojas jums.
I must apologize to you.
[ai mʌst əˈpɒlədʒaiz tə ju:]

Atvainojiet, ka liku jums gaidīt.
Sorry I've kept you waiting.
[ˈsɒri aiv kept ju: ˈweitiŋ]

Ceru, ka neievainoju jūs / nenodarīju jums pāri.

(I) hope I didn't hurt you.

[(ai) həʊp ai didnt hɜːt juː]

Es negribēju jums nodarīt pāri.

I didn't mean to hurt you.

[ai didn't miːn tə hɜːt juː]

Es negribēju jūs apvainot.

I meant no offence. / No offence (meant).

[ai ment nəʊ əˈfens / nəʊ əˈfens (ment)]

Nedusmojieties uz mani.

Don't get cross with me.

[dəʊnt get krɒs wið miː]

Atvainojiet, ka esmu ar muguru pret jums.

Excuse my back. [iksˈkjuːz mai bæk]

Atvainojiet, ka nokavējos.

Excuse my being late.

[iksˈkjuːz mai ˈbiːiŋ leit]

Atvainojiet par traucējumu.

Excuse my troubling / disturbing you.

[iksˈkjuːz mai ˈtrʌbliŋ / disˈtɜːbiŋ juː]

Atvainojiet, ka pārtraucu jūs.
Excuse my interrupting you.
[iks'kju:z mai intə'rʌptiŋ ju:]

Atbildes uz atvainošanās frāzēm

Nekas, viss ir kārtībā.
That's all right. [ðæts ɔ:l rait]

Neuztraucieties par to. / Nekas.
Never mind. ['nevə maind]

Aizmirstiet par to.
Forget it. [fə'get it]

Nekas briesmīgs (slikts).
No harm done. [nəʊ hɑ:m dʌn]

Es neesmu apvainojies / apvainojusies.
No offence taken. [nəʊ ə'fens 'teikən]

Nožēla un prieks

Ļoti žēl.
What a pity. / Too bad.
[wɒt ə' piti / tu: bæ:d]

Man žēl. Atvainojiet.
I'm sorry. [aim sɒri]

Es jums ļoti jūtu līdzi.
I feel deeply sorry for you.
[ai fi:l 'di:pli 'sɒri fɔ: ju:]

Man ļoti žēl par notikušo.
I very much regret what happened.
[ai 'veri mʌtʃ ri'gret wɒt 'hæpnd]

Man ļoti žēl, ka nevarēju palīdzēt.
I'm awfully sorry I wasn't able to help you.
[aim 'ɔ:fʊli 'sɒri ai 'wɒznt eibl tə help ju:]

Ļoti labi!
Very good! ['veri gʊd]

Lieliski!
(That's) marvellous! / (That's) great! / Terrific!
[(ðæts) 'mɑ:vələs / (ðæts) greit] / [tə'rifik]

Kāda veiksme!
It's a great piece of luck! / What luck!
[its ə greit pi:s əv lʌk / wɒt lʌk]

Tieši to es vēlējos.
That's exactly what I wanted.
[ðæts ig'zæktli wɒt ai 'wɒntid]

Esmu pilnībā apmierināts / apmierināta.
I'm really delighted. [aim 'riəli di'laitid]

41

Apsveikumi un vēlējumi

Apsveicu!
I congratulate you. / (My) congratulation (to you). [ai kən'grætjʊleit ju: / (mai) kən,grætjʊ'leiʃn tə ju:]

Lai piepildās visas jūsu vēlēšanās.
May all your dreams come true.
[mei ɔ:l jɔ: dri:mz kʌm tru:]

Daudz laimes dzimšanas dienā!
Happy birthday to you! / Many happy returns (of the day)! ['hæpi 'bɜ:θdəi tə ju: / 'meni 'hæpi ri'tɜ:nz (əv ðə dei)]

Laimīgu Jauno gadu!
Happy New Year! ['hæpi nju: jiə]

Priecīgus Ziemassvētkus!
Merry Christmas! ['meri 'kristməs]

Vēlu veiksmi!
(I wish you) good luck! / Good luck to you!
[(ai wiʃ ju:) gʊd lʌk / gʊd lʌk tə ju:]

Atpūtieties labi!
Have a nice holiday! [hæv ə nais 'hɒlidəi]

Lai jums veselība, bagātība un gudrība!
Be healthy, wealthy and wise!
[bi: 'helθi welθi ənd waiz]

Vēlam visu to labāko!
Best wishes! [best 'wiʃiz]

Uzaicinājums satikties un ielūgums

Vai jūs šovakar esat brīvs / brīva?
Are you free tonight? [ɑ: ju: fri: tə'nait]

Ko jūs darīsiet rīt?
What are you doing tomorrow?
[wɒt ɑ: ju: 'du:iŋ tə'mɒrəʊ]

Vai jūs vēlētos ... .
Would you like to ... . / Would you care to ... .
[wʊd ju: laik tʊ / wʊd ju: keə tʊ]
   - aiziet uz kino
   - go to cinema [gəʊ tə 'sinəmə]

   - aiziet uz restorānu
   - go to a restaurant
     [gəʊ tʊ ə 'restərɔ:ŋ]

Vai jūs mums pievienosieties?
Would you join us? [wʊd ju: 'dʒɔin ʌs]

Kādēļ gan mums ...?
Why don't we ...? [wai dəʊnt wi:]

Atnāciet pie manis / mums.
Come to my / our place.
[kʌm tə mai / aʊə pleis]

Priecāšos satikt jūs.
I'll be glad to see you. [ail bi: glæd tə si: ju:]

Atnāciet uz mūsu ballīti / viesībām.
Come to our party. [kʌm tʊ aʊə 'pɑːti]

Pateicības frāzes

Paldies. Tas būtu jauki.
Thank you. I'd enjoy that.
[θæŋk ju: aid in'dʒɔi ðət]

Ar prieku. / Liels paldies. / Ļoti labprāt.
With pleasure. / Thank you very much. / I'd
love to.
[wið 'pleʒə / θæŋk ju: 'veri mʌtʃ / aid lʌv tʊ]

Labprāt, bet ... .
I'd love to, but ... . [aid lʌv tʊ bʌt]

Liels paldies, bet ... .
Thanks a lot, but ... . [θæŋks ə lɒt bʌt]

Baidos, ka nevarēšu (tikt).
I'm afraid I can't (make it). / I'm sorry I can't (make it). [aim ə'freid ai kɑːnt (meik it) / aim 'sɒri ai kaːnt (meik it)]

Paldies, nē.
No, thank you. / No, thanks.
[nəʊ θæŋk juː / nəʊ θæŋks]

Ciemos un mājas viesībās

Laipni lūdzam! / Esiet sveicināti!
Welcome! ['welkəm]

Lūdzu, ienāciet!
Come in! [kʌm in]

Lūdzu, sēdieties!
Have a seat! [hæv ə siːt]

Vai varu jums piedāvāt ...?
Can I offer you ...? [kæn ai 'ɒfɜ: juː]
   - tēju / kafiju
   - a cup of tea / coffee
     [ə: kʌp əv tiː / 'kɒfi]

   - aperitīvu
   - an aperitif [ən ə'peritif]

- sarkanvīnu
- red wine [red wain]

- viskiju
- whisky ['wiski]

Cik labi smaržo!
This smells very nice! [ðis smelz 'veri nais]

Cienājieties, lūdzu!
Help yourself! [help jɔː'self]

Labu apetīti!
Enjoy your meal! [in'dʒɔi jɔː miːl]

Izskatās garšīgi.
(It) looks delicious. [(it) lʊks di'liʃəs]

Paldies, tas tiešām bija garšīgi.
Thanks, it was really delicious.
[θænks it wɒs 'riəli di'liʃəs]

Paldies, es esmu paēdis.
I've had enough, thanks.
[aiv həd i'nʌf θəŋks]

Vai gribat ko ieēst?
Do you want anything to eat?
[dʊ juː wɒnt 'əniθiŋ tʊ iːt]

Paldies, es neesmu izsalcis.
Thank you, I'm not hungry.
[θæŋk ju: aim nɒt 'hʌŋgri]

Es neēdīšu.
I won't eat. [ai wəʊnt i:t]

Es to nevaru apēst.
I can't eat that much. [ai kɑ:nt i:t ðət mʌtʃ]

Vai vēlaties vēl ko uzēst?
Do you want something more to eat?
[dʊ ju: wɒnt 'sʌmθiŋ mɔ: tʊ i:t]

Ko jūs vēlaties ēst?
What would you like to eat? [wɒt wʊd ju: laik tə i:t]

Vai gribat ko iedzert?
Do you want something to drink?
[dʊ ju: wɒnt 'sʌmθiŋ tə drink]

Es vēlētos tasi kafijas.
I feel like a cup of coffee. [ai fi:l laik ə kʌp əv 'kɒfi]

Man gribas dzert.
I'm thirsty. [aim 'θɜ:sti]

Es gribētu iedzert alu.
I'd like to drink some beer. [aid laik tə drink sʌm biə]

CEĻĀ

alkohols
spirits ['spirits]

ar nodokļiem neapliekams
duty-free ['dju:ti 'fri:]

bērna pase
child's passport [tʃaildz 'pɑ:spɔ:t]

identifikācijas karte / personu apliecinošs dokuments
identity card [ai'dentiti kɑ:d]

muita
customs ['kʌstəmz]

nedeklarējams
(not) to be declared [(nɒt) tə bi: di'kleəd]

pase
passport ['pɑ:spɔ:t]

potēšanas karte
vaccination certificate [ˌvæksiˈneiʃən səˈtifikət]

tabakas izstrādājumi
tobacco [təˈbækəʊ]

Uz robežas

Pasu kontrole

Lūdzu, mana pase.
Here is my passport. [hiə iz mai ˈpɑːspɔːt]

Man ir diplomāta pase.
I have a diplomatic passport.
[ai hæv ə dipləˈmætik ˈpɑːspɔːt]

Es esmu ... pilsonis.
I am a citizen of ... . [ai əm ə ˈsitizən əv]
- **Latvijas**
- Latvia [ˈlætviə]

- **Krievijas**
- Russia [ˈrʌʃə]

- **Baltkrievijas**
- Belarus [ˌbeləˈrus]

- Ukrainas
- Ukraine [ju'krein]

Bērni ir pierakstīti manas sievas / mana vīra pasē.
Children are registered in my wife's / husband's passport. ['tʃildrən ɑː 'redʒistəd in mai waifs / 'hʌzbəndz 'pɑːspɔːt]

Man ir ... vīza.
I have a(n) ... visa. [ai hæv ə(n) ... 'viːzə]
    - tranzīta
    - transit ['trænzit]

    - iebraukšanas
    - entry ['entri]

    - daudzreizēja
    - multiple entry ['mʌltipl 'entri]

Mana brauciena mērķis ir ... .
The purpose of my visit is ... .
    - darīšanas
    - business ['biznəs]

    - tūrisms
    - tourism ['tʊərizm]

- privātas darīšanas
- private matters ['praivət 'mætəz]

Man ir ielūgums.
I have an invitation. [ai hæv ən invi'teiʃən]

Lūdzu, palīdziet izpildīt šo veidlapu.
Please help me with this form.
[pli:z help mi: wið ðis fɔ:m]

Esmu ieradies / ieradusies ... .
I'm here ... . [aim hiə]
    - darījumu braucienā
    - on business [ɒn 'biznəs]

    - atvaļinājumā
    - on holiday [ɒn 'hɒlidei]

    - mācīties
    - to study [tə 'stʌdi]

Es braucu ... .
I'm travelling [aim 'trævəliŋ]
    - viens / viena
    - alone [ə'ləʊn]

    - ar sievu / vīru
    - with my wife / husband
     [wið mai waif / 'hʌzbənd]

- ar savu ģimeni
- with my family [wɪð maɪ ˈfæmɪli]

- ar tūristu grupu
- with a tour group [wɪð ə ˈtʊə gruːp]

Esmu ieradies / ieradusies uz ... .
I'm here for ... . [aɪm hɪə fɔː]
    - nedēļu
    - a week [ə wiːk]

    - divām nedēļām
    - two weeks [tu: wiːks]

    - mēnesi
    - a month [ə mʌnθ]

    - pusgadu
    - half a year [haːf ə jiə]

    - gadu
    - a year [ə jiə]

Biežāk uzdotie jautājumi un saņemtās atbildes

Your documents, please! [jɔː ˈdɒkjʊmənts pliːz]
Jūsu dokumentus, lūdzu!

Your passport has expired.
[jɔ: ˈpɑ:spɔ:t hæz əksˈpaiəd]
Jūsu pasei ir beidzies derīguma termiņš.

What is your last name? [wɒt iz jɔ: lɑ:st neim]
Jūsu uzvārds?

What is your name? [wɒt iz jɔ: neim]
Jūsu vārds?

Where are you from? [weə ɑ: ju: frɒm]
No kurienes esat ieradies?

What is the purpose of your visit?
[wɒt iz ðə ˈpɜ:pəs əv jɔ: ˈvizit]
Jūsu vizītes mērķis?

How long are you going to stay in ... .
[haʊ lɒŋ ɑ: ju: ˈgəʊiŋ tə stei in]
Cik ilgi jūs uzturēsieties ... .

Your visa has run out. [jɔ: ˈvi:zə hæz rʌn əʊt]
Jūsu vīzai ir beidzies derīguma termiņš.

Muita

Man nav ko deklarēt.
I have nothing to declare. [ai hæv ˈnʌθiŋ tə diˈkleə]

Te ir mana bagāža.
Here is my luggage. [hiər iz mai 'lʌgidʒ]

Tā ir dāvana.
It's a gift. [its ə 'gift]

Man ir tikai mantas personiskai lietošanai.
I have only personal things.
[ai hæv 'əʊnli 'pɜːsənəl θiŋz]

Tie nav jauni.
These are not new. [ði:z ɑː 'nɒt 'nju:]

Man ir ... .
I have ... . [ai hæv]
  - **daži suvenīri**
  - some souvenirs [sʌm 'su:vəniəz]

  - **dažas dāvanas**
  - some presents [sʌm 'prezənts]

Man ir ... .
I have ... . [ai hæv]
  - **dolāri**
  - dollars ['dɒləz]

  - **mārciņas**
  - pounds ['paʊndz]

- **eiro**
- euros ['jʊərəʊz]

Man ir ... .
I have ... with me. [ai hæv ... wɪð mi:]
- **cigarešu bloks**
- a carton of cigarettes
  [ə 'kɑ:tn əv ˌsɪgə'rets]

- **pudele vīna**
- a bottle of wine [ə 'bɒtl əv waɪn]

- **pudele degvīna**
- a bottle of vodka [ə 'bɒtl əv 'vɒdkə]

Cik daudz man jāmaksā?
How much do I have to pay?
[haʊ mʌtʃ 'dʊ ai hæv tə ai pei]

Biežāk uzdotie jautājumi un saņemtās atbildes

Do you have anything to declare?
[du ju: hæv 'enɪθɪŋ tə də'kleə]
Vai jums ir kas deklarējams?

How much liquor do you have?
[haʊ mʌtʃ 'lɪkə dʊ ju: hæv]
Cik daudz alkoholisko dzērienu jūs vedat?

Is it a gift or is it for personal use?
['iz it ə'gift ɔ: 'iz it fə 'pɜ:snl 'ju:s]
Vai tā ir dāvana vai personiskai lietošanai?

Do you have any perfumes?
[dʊ ju: hæv 'eni 'pɜ:'fju:mz]
Vai jums ir parfimērijas izstrādājumi?

How many cigarettes do you carry?
[haʊ 'meni ˌsigə'rets dʊ ju: 'kæri]
Cik daudz cigarešu jums ir?

How much foreign currency do you have?
[haʊ mʌtʃ 'fɒrin 'kʌrənsi dʊ ju: hæv]
Cik daudz ārvalstu valūtas jums ir?

Do you have any expensive presents? Watches, jewellery, a camera?
[dʊ ju: hæv 'əni ik'spensiv 'preznts? 'wɒtʃiz 'dʒu:əlri / ə 'kæmərə]
Vai jums ir dārgas dāvanas? Rokaspulksteņi, rotaslietas, fotoaparāts?

Could you open this bag please.
[kʊd ju: 'əʊpən ðis bæg pli:z]
Lūdzu, atveriet šo somu.

Do you have any more luggage?
[dʊ ju: hæv 'eni mɔ: 'lʌgidʒ]
Vai jums ir vēl bagāža?

Would you let me have a look in here?

[wʊd ju: let mi: hæv ə lʊk in hiə]

Lūdzu, atļaujiet man ieskatīties šeit!

Is this all your personal clothing?

[iz ðis 'ɔːl jɔ: 'pɜːsnl 'kləʊðiŋ]

Visi šie apģērbi pieder jums?

Where did you buy this?

[weə did ju: bai ðis]

Kur jūs to nopirkāt?

Lidostā un lidmašīnā

Uzraksti lidostā

INTERNATIONAL FLIGHTS	DOMESTIC FLIGHTS
Starptautiskie reisi	Iekšzemes reisi

THIS WAY	ENTRANCE
Šajā virzienā	Ieeja

WAY OUT / EXIT	PUSH
Izeja	Grūst

PULL	**INFORMATION**
Vilkt	Informācija
INQUIRY OFFICE	**CUSTOMS**
Uzziņas	Muita
TICKETS	**CHECK-IN**
Biļetes	Reģistrācija
PASSPORT CONTROL	**ARRIVAL**
Pasu kontrole	Atlidošana
DEPARTURE	**GATE**
Izlidošana	Eja
BOARDING	**SECURITY CHECK**
Iesēšanās	Drošības pārbaude
FLIGHT	**DESTINATION**
Lidojums / Reiss	Galamērķis

FOREIGN EXCHANGE / MONEY EXCHANGE

Valūtas maiņa

TOILET / LAVATORY / WC / BATHROOM / RESTROOM

Tualete

WOMEN / LADIES

Sieviešu tualete

MEN/ GENTLEMEN

Vīriešu tualete

INTERNATIONAL PAYPHONE

Starptautiskais taksofons

FIRST AID

Medicīniskā palīdzība

DO NOT LEAVE LUGGAGE UNATTENDED

Neatstājiet bagāžu bez uzraudzības

GROUND TRANS- PORTATION

Sauszemes transports

Zīmes lidostā

1. Lidosta
2. Izlidošana
3. Atlidošana
4. Tranzīta pasažieriem
5. Uzgaidāmā telpa
6. Tikšanās vieta
7. Pavadītājiem
8. Informācija
9. Taksometri
10. Automobiļu noma
11. Vilcieni
12. Autobusi
13. Ieeja
14. Izeja
15. Bagāžas saņemšana
16. Bagāžas glabātava
17. Telefons ārkārtas gadījumiem
18. Rezerves izeja
19. Pasu kontrole
20. (Pie)spiest
21. Ārsts
22. Aptieka
23. Dušas
24. Vīriešu tualete
25. Sieviešu tualete
26. Kapela
27. Restorāns
28. Valūtas maiņa
29. Beznodokļu zona
30. Frizētava

Iegaumē!

aviolīnija
airline [ˈeəlain]

reiss
flight [flait]

biļete
ticket [ˈtikət]

iesēšanās talons
boarding card / boarding pass
[ˈbɔːdiŋ kɒːd / ˈbɔːdiŋ pɑːs]

lidmašīna
(aero)plane [(ˈeərə)ˌplein]

lidosta
airport [ˈeəpɔːt]

pasažieris
passenger [ˈpæsindʒə]

pilots
pilot [ˈpailət]

reisa numurs
flight number [flait ˈnʌmbə]

stjuarte
stewardess / flight attendant
[stjuʊə'des / flait ə'tendənt]

stjuarts
steward / flight attendant
['stjʊəd / flait ə'tendənt]

Lidostā pirms izlidošanas

Kur ir *British Airways* stends?
Where's the British Airways desk?
[weəz ðə 'britiʃ 'eəweiz desk]

Kur atrodas ceturtais terminālis?
Where's terminal four? [weəz 'tɜ:minəl fɔ:]

Vai reiss no / uz ... kavējas?
Is the flight from / to ... delayed?
[iz ðə flait frɒm / tʊ ... di'leid]

Vai reiss no ... jau ir pienācis?
Has the flight from ... arrived?
[hæz ðə flait frɒm ... ə'raivd]

Kad ir nākamais reiss uz ...?
When is the next flight to ...?
[wen iz ðə nekst flait tʊ]

Vai tas ir ...?

Is that a ...? [iz ðæt ə]

    - čārterreiss

    - charter flight ['tʃɑ:tə flait]

    - regulārais reiss

    - scheduled flight ['ʃedju:ld flait]

    - tiešais reiss

    - direct flight [dai'rekt flait]

    - reiss ar nosēšanos

    - flight with a stopover [flait wið ə 'stɒpəʊvə]

Es vēlos pasūtīt ... .

I'd like to book ... . [aid laik tə bʊk]

    - biļeti vienā virzienā uz Dublinu

    - a single flight to Dublin

      [ə siŋgl flait tə 'dʌblin]

    - biļeti līdz Dublinai, turp un atpakaļ

    - a return flight to Dublin

      [ə ri'tɜ:n flait tə 'dʌblin]

Es vēlos ... pasūtījumu.

I'd like to ... that flight.

[aid laik tʊ ... ðæt flait]

    - atcelt

    - cancel ['kænsəl]

- mainīt
- change [tʃeindʒ]

- apstiprināt
- confirm [kən'fɜːm]

Kad lidmašĭna izlido?
At what time does the flight depart?
[ət wɒt taim dəz ðə flait di'pɑːt]

Kad man jābūt lidostā?
When do I have to be at the airport?
[wen dʊ ai hæv tə biː ət ði 'eəpɔːt]

Kur notiek reģistrācija lidojumam Nr. ...?
Where is the check-in to flight No. ...?
[weər iz 'ði tʃekən tə flait 'nʌmbə]

Es vēlos biļeti biznesa / ekonomiskajā klasē.
I would like a business / an economy class ticket.
[ai wʊd laik ə 'biznəs / ən i'kɒnəmi klɑːs 'tikit]

Es gribētu vietu pie ... .
I'd like to seat ... . [aid laik tə siːt]

- loga
- by the window [bai ðə 'windəʊ]

- ejas
- at the aisle [ət ðə ail]

Mēs gribētu sēdēt blakus.
We'd like to seat together.
[wi:d laik tə si:t tə'geðə]

Cik kilogramu bagāžas es varu pārvadāt bez maksas?
How many kilogrammes of luggage can I take free of charge?
[haʊ 'meni 'kiləgræmz əv 'lʌgidʒ kæn ai teik fri: əv tʃɑ:dʒ]

Vai es drīkstu to ņemt kā rokas bagāžu?
Can I take it as hand luggage / as a carry-on?
[kæn ai teik it æz hænd 'lʌgidʒ / əs ə 'kæri ɒn]

Cik maksā viens papildu bagāžas kilograms?
How much does each kilogramme of excess luggage cost? [haʊ mʌtʃ dʌz i:tʃ 'kiləgræm əv ik'ses 'lʌgidʒ kɒst]

Biežāk uzdotie jautājumi un saņemtās atbildes

You have to come and buy your ticket.
[ju: hæv tə kʌm ænd bai jɔ: 'tikit]
Jums jāatnāk izpirkt biļeti.

Your ticket, please! [jɔ: 'tikit pli:z]
Lūdzu jūsu biļeti!

Smoking or non-smoking?
['sməʊkiŋ ɔ: 'nʌn'sməʊkiŋ]
Smēķētāju vai nesmēķētāju nodalījumā?

Here is your boarding card.
[hiə iz jɔ: bɔ:diŋ kɑ:d]
Lūdzu, jūsu iekāpšanas talons.

Check-in begins one hour before takeoff.
['tʃekən bə'ginz wʌn 'aʊə bə'fɔ: 'teikɒf]
Reģistrācija sākas stundu pirms lidojuma.

Put your things on the scales.
[pʊt jɔ: θiŋz ɒn ðə skeilz]
Uzlieciet mantas uz svariem.

Did you pack the luggage yourself?
[did ju: pæk ðə 'lʌgidʒ jɔ:'self]
Vai jūs pats saiņojāt savu bagāžu?

Are there any things belonging to other people?
[ɑ: ðeə 'eni θiŋz bi'lɒŋiŋ tə 'ʌðə pi:pl]
Vai šeit ir lietas, kas pieder kādam citam?

How many pieces of luggage have you got? [haʊ 'meni 'piːsiz əv 'lʌgidʒ hæv juː gɒt]
Cik jums ir bagāžas vienību?

You must pay for the excess luggage.
[juː mʌst pei fɔː ði ikˈses 'lʌgidʒ]
Jums ir jāmaksā par papildu bagāžu.

Do you have any metal objects on you?
[dʊ juː hæv 'eni 'metl 'ɒbdʒəkts ɒn juː]
Vai jums ir metāliski priekšmeti?

Please go through the detector.
[pliːz gəʊ θruː ðe diˈtektə]
Lūdzu, izejiet caur detektoru.

Last call. [lɑːst kɔːl]
Iesēšanās beidzas.

Passengers for flight No. ... to ... please proceed to gate No. ... ['pæsindʒəz fə flait 'nʌmbə ... tʊ ... pliːz prəˈsiːd tə geit 'nʌmbə ...]
Reisa Nr. ... uz ... pasažierus lūdz doties uz izeju Nr. ...

Boarding at 17:45, Gate 8. Have a good flight! ['bɔːdiŋ ət sevnˈtiːn fɔːtiˈfaiv geit eit hæv ə gʊd flait]
Iekāpšana sāksies 17:45, 8. izeja. Laimīgu lidojumu!

Flight No. ... is delayed.
[flait ´nʌmbə ... iz di´leid]
Reiss Nr. ... aizkavējas.

Lidojums

U z r a k s t i   l i d m a š ī n ā

10 A WINDOW	15 C AISLE
Vieta 10 A pie loga	Vieta 15 C pie ejas

FASTEN SEAT BELTS	LIFE VEST UNDER YOUR SEAT
Piesprādzējieties	Glābšanas veste atrodas zem jūsu sēdekļa

NO SMOKING	EXIT
Nesmēķēt	Izeja

EMERGENCY EXIT	STEWARDESS / HOSTESS / FLIGHT ATTENDANT
Avārijas izeja	Stjuarte

CALL BUTTON

Zvans stjuartes
izsaukšanai

PRESS THE BUTTON

Nospiest pogu (*lai iedegtu gaismu, izsauktu stjuarti u. tml.*)

LAVATORY OCCUPIED

Tualete aizņemta

TOILET VACANT / UNOCCUPIED

Tualete brīva

FLUSH

Aizskalošana
(*uzraksts tualetē*)

COLD

Aukstais ūdens

HOT

Karstais ūdens

Lūdzu, palīdziet man piesprādzēties.
Please help me to fasten the belt.
[pliːz help miː tə ˈfɑːsn ðə belt]

Lūdzu, iedodiet man ... .
Please give me ... . [pliːz giv miː]
  - segu
  - a blanket [ə ˈblæŋkət]

- spilvenu
- a pillow [ə 'piləʊ]

Kā lai ieslēdz ...?
How do I switch on ... [haʊ dʊ ai switʃ ɒn]
  - ventilatoru
  - the ventilator / fan [ðə 'ventileitə / fæn]

  - gaismu
  - the light [ðə lait]

Man ir slikti.
I feel sick. [ai fi:l sik]

Vai var lūgt ko dzeramu?
Could I have a drink? [kʊd ai hæv ə driŋk]

Lūdzu, uzmodiniet mani, kad pasniegs ēdienu.
Could you wake me for the meal, please?
[kʊd ju: weik mi: fɔ: ðə mi:l pli:z]

Vai varētu lūgt vēl tasīti kafijas?
Could I have another cup of coffee?
[kʊd ai hæv ə'nʌðə kʌp əv 'kɒfi]

Higiēnisko maisiņu, lūdzu.
An air sickness bag please.
[ən eə 'siknəs bæg pli:z]

Biežāk uzdotie jautājumi un saņemtās atbildes

How do you feel? [haʊ dʊ ju: fi:l]
Kā jūs jūtaties?

What will you have to drink?
[wɒt wil ju: hæv tə driŋk]
Ko jūs dzersiet?

Wine, beer, juice, lemonade, (mineral) water?
[wain biə dʒu:s ˌleməˈneid (ˈminərəl) ˈwɔ:tə]
Vīnu, alu, sulu, limonādi, (minerāl)ūdeni?

Please ... . [pli:z]
Lūdzu ... .

> **- fasten your seatbelts** [ˈfɑ:sn jɔ: ˈsi:tbelts]
> - piesprādzējiet drošības jostas

> **- stop smoking** [stɒp ˈsməʊkiŋ]
> - nesmēķējiet

> **- put your seat upright** [pʊt jɔ: si:t ˈʌprait]
> - novietojiet krēslu atzveltnes vertikāli

Pēc lidmašīnas nosēšanās

Kur atrodas ...?
Where is / are the ... . [weə iz / ɑ: ði]
- **valūtas maiņas punkts**
- currency exchange office
  [ˈkʌrənsi iksˈtʃeindʒ ˈɒfis]

- **autobusi**
- buses [ˈbʌsiz]

- **auto noma**
- car rental [kɑ: ˈrentəl]

- **taksometri**
- taxis [ˈtæksiz]

Vai pilsētā var nokļūt ar autobusu?
Is there a bus into town? [iz ðeə ə bʌs inˈtʊ taʊn]

Kā man nokļūt viesnīcā ...?
How do I get to the Hotel ...?
[haʊ dʊ ai get tə ðə həʊˈtel]

Nesēj! Atvainojiet!
Porter! Excuse me! [ˈpɔːtə iksˈkjuːz miː]

Vai jūs nevarētu aiznest manu bagāžu uz ... .
Could you take my luggage to ... .
[kʊd juː teik mai ˈlʌgidʒ tʊ]

- taksometru
- a taxi [ə 'tæksi]

- autobusu
- a bus [ə bʌs]

Kur ir ...?
Where is / are ...? [weə iz / ɑ:]
   - bagāžas ratiņi
   - the luggage carts [ðə 'lʌgidʒ kɑ:ts]

   - bagāžas glabātava
   - the luggage lockers [ðə 'lʌgidʒ 'lɒkəz]

   - bagāžas saņemšana
   - the luggage claim [ðə 'lʌgidʒ kleim]

Kur ir reisa ... bagāža?
Where is the luggage from flight ...?
[weə iz ðə 'lʌgidʒ frɒm flait]

Esmu pazaudējis savu bagāžu.
I've lost my luggage. [aiv lɒst mai 'lʌgidʒ]

Manu bagāžu nozaga.
My luggage was stolen. [mai 'lʌgidʒ wɒz stəʊln]

Mūsu bagāža nav atvesta.
Our luggage has not arrived.
['aʊə 'lʌgidʒ hæz nɒt ə'raivd]

Biežāk uzdotie jautājumi un saņemtās atbildes

What does your luggage look like?
[wɒt dʌz jɔː 'lʌgidʒ lʊk laik]
Kā izskatās jūsu bagāža?

Do you have the claim check?
[dʊ juː hæv ðə kleim tʃek]
Vai jums ir bagāžas talons?

Your luggage [jɔː 'lʌgidʒ] ... .
Jūsu bagāža ... .
- may have been sent to ...
[mei hæv biːn sent tʊ]
- iespējams, ir nosūtīta uz ...

- may arrive later today
[mei ə'raiv 'leitə tədei]
- iespējams, tiks atvesta šodien, bet vēlāk

Please come back tomorrow.
[pliːz kʌm bæk tə'mɒrəʊ]
Lūdzu, atnāciet rīt.

Call this number to check if your luggage has arrived.
[kɔːl ðis 'nʌmbə tə tʃek if jɔː 'lʌgidʒ hæz ə'raivd]
Piezvaniet pa šo numuru, lai uzzinātu, vai jūsu bagāža ir atvesta.

Ceļojums ar vilcienu

Uzraksti, zīmes stacijā

TIMETABLES

Vilcienu kustības saraksts

BOOKING OFFICE / TICKET OFFICE

Biļešu kase

LEFT LUGGAGE OFFICE / TEMPORARY STORAGE

Bagāžas glabātava

WAITING ROOM

Uzgaidāmā telpa

PASSENGERS MUST BE IN POSSESSION OF A TICKET BEFORE TRAVELING

Iekāpšana vilcienā tikai ar biļetēm

ARRIVALS

Pienākšana

DEPARTURES

Atiešana

bagāža	luggage (*Lielbr.*) ['lʌgidʒ]
	baggage (*ASV*) ['bægidʒ]
bagāžas glabātuve	left-luggage [ˌleft 'lʌgidʒ]
bagāžas ratiņi	baggage cart ['bægidʒ kɑ:t]
biļete	ticket ['tikit]
vienā virzienā	single ticket (*Lielbr.*)
	[siŋgl 'tikit]
	one way ticket (*ASV*)
	[wʌn wei 'tikit]
turp un atpakaļ	return ticket (*Lielbr.*)
	[ri'tə:n 'tikit]
	round trip ticket (*ASV*)
	[raʊnd trip 'tikit]
ar atlaidi, atgriežoties	day return [dei ri'tɜ:n]
tajā pašā dienā	
dzelzceļš	railway (*Lielbr.*) ['reilwei]
	railroad (*ASV*) ['reilrəʊd]
gultasveļa	bedding (*Lielbr.*) [bediŋ]
	bedclothes (*ASV*)
	['bedkləʊðz]
sega	a blanket [ə 'blæŋkit]
palags	a sheet [ə ʃi:t]
spilvens	a pillow [ə 'piləʊ]
dvielis	a towel [ə 'taʊəl]
klase	class [klɑ:s]
pirmā klase	first class [fɜ:st klɑ:s]

standartklase	standard / economy class ['stændəd / i'kɒnəmi klɑ:s]
kontrolieris (*biļešu*)	ticket collector ['tikit kə‚lektə]
kupeja	compartment [kəm'pɑ:tmənt]
pārsēsties	change / transfer [tʃeindʒ / 'trænsfɜ:]
perons	platform ['plætfɔ:m]
bagāžas plaukts	rack [ræk]
guļamplaukts	berth [bɜ:θ]
stacija	railway station (*Lielbr.*) ['reilwei 'steiʃn] train station (*ASV*) [trein 'steiʃn]
vagons	carriage / coach (*Lielbr.*) ['kæridʒ / kəʊtʃ] car (*ASV*) [kɑ:]
bagāžas v.	luggage van (*Lielbr.*) ['lʌgidʒ væn] baggage car (*ASV*) ['bægidʒ kɑ:]
guļamvagons	sleeping-car ['sli:piŋ kɑ:]
v. nesmēķētājiem	non-smoker [‚nɒn'sməʊkə]
restorānvagons	dining-car ['dainiŋ kɑ:]
v. smēķētājiem	smoker ['sməʊkə]
vilciens	train [trein]
ātrvilciens	express train [iks'pres trein]
ar visām pieturām	stopping train (*Lielbr.*) ['stɒpiŋ trein] regular train (*ASV*) ['regjʊlə trein]
tiešais (*bez pārsēšanās*)	direct train [dai'rekt trein]

Jautājumi par dzelzceļa satiksmi

Kad ir nākamais vilciens uz ...?
When's the next train to ... ?
[wenz ðə nekst trein tʊ]

Kā es varu aizbraukt uz Londonu ...?
What trains go to London ... ? [wɒt treinz gəʊ tʊ]
   - rīt no rīta
   - tomorrow morning [tə'mɒrəʊ 'mɔ:niŋ]

   - rīt pēcpusdienā
   - tomorrow afternoon [tə'mɒrəʊ ɑ:ftə'nu:n]

Man jābūt ... līdz 10 no rīta.
I have to be in ... by 10 a.m.
[ai hæv tə bi: in ... bai ten 'ei em]

Cikos šis vilciens pienāk ...?
When will the train arrive in ...
[wen wil ðə trein ə'raiv in]

Vai ir ...?
Is there ...? [iz ðeə]
   - agrāks vilciens
   - an earlier train [ən 'ɜ:liə trein]

   - vēlāks vilciens
   - a later train [ə 'leitə trein]

- cita iespēja
- another possibility [əˈnʌðə ˌpɒsəˈbiləti]

Vai šis vilciens pietur ...?
Does this train stop in ...? [dʌz ðis trein stɒp in]

Vai šis vilciens brauc līdz ... bez pārsēšanās?
Does this train go to ... directly?
[dʌz ðis trein gəʊ tʊ ... daiˈrektli]

Es gribētu iepazīties ar vilcienu kustības sarakstu. Kur tas ir?
I'd like to look through the train schedule. Where is it (here)?
[aid laik tə lʊk θru: ðə ˈtrein ˈʃedju:l weə iz it (hiə)]

Sakiet, lūdzu, kur ir ...?
Tell me please where ... ?
- perons Nr. ...
- the platform No. ... is
[ðə ˈplætfɔ:m ˈnʌmbə ... iz]

- vagons
- the carriage No. ... is
[ðə ˈkæridʒ ˈnʌmbə ... iz]

Biļešu iegāde

Lūdzu, biļeti (vienā virzienā) uz ... .
A one-way / single ticket to ... please.
[ə wʌn wei / siŋgl 'tikit tʊ ... pli:z]

Lūdzu, biļeti uz ..., turp un atpakaļ, ...
A return / round-trip ticket to ... please in a ....
[ə ri'tɜ:n / raʊndtrip 'tikit tʊ ... pli:z in ə ...]
- **pirmās klases vagonā**
- first class car [fɜ:st klɒ:s kɑ:]

- **otrās klases vagonā**
- second class car ['sekənd klɑ:s kɑ:]

Cik ilgi biļete ir derīga?
How long is the ticket valid?
[haʊ lɒŋ iz ðə 'tikit vælid]

Es vēlos rezervēt biļeti ar norādītu vietu.
I'd like to reserve a seat, please.
[aid laik tə ri'zɜ:v ə si:t pli:z]

Kur jāpārsēžas?
Where do I change trains?
[weə dʊ ai tʃeindʒ treinz]

Kurā vagonā ir mana vieta?
Which coach is my seat in? [witʃ kəʊtʃ iz mai si:t in]

Es vēlos … .

I want … [ai wɒnt]

   - augšējo plauktu

   - an upper berth [ən ˈʌpə bɜːθ]

   - apakšējo plauktu

   - a lower berth [ə ˈləʊə bɜːθ]

Stacijā

Uzraksti stacijā

LEFT-LUGGAGE	**LOST PROPERTY**
Bagāžas glabātuve	Atradumu galds
ENQUIRY OFFICE	**INFORMATION DESK**
Uzziņu birojs	Uzziņas
WAITING ROOM	**PLATFORMS 1 TO 3**
Uzgaidāmā zāle	Izeja uz 1–3 peronu
TICKETS	**ARRIVALS**
Biļešu kases	Vilcienu pienākšana

DEPARTURES

Vilcienu atiešana

Kur ir ...?

Where is / are ...? [weə iz / ɑ:]

- bagāžas glabātava
- the left-luggage office [ðə left ˈlʌgidʒ ˈɒfis]

- bagāžas glabāšanas skapīši
- the luggage lockers [ðə ˈlʌgidʒ ˈlɒkɜ:z]

- uzgaidāmā telpa
- the waiting room [ðə ˈweitiŋ ru:m]

- biļešu kase
- the ticket issue desk [ðə ˈtikit ˈiʃu: desk]

- ... perons
- platform ... [ˈplætfɔ:m]

- tualete
- the toilets [ðə ˈtɔilits]

- atrasto mantu birojs
- the lost property (office) / lost and found -
  [ðə lɒst ˈprɒpəti (ˈɒfis) / lɒst ənd faʊnd]

- izziņu birojs
- the information desk [ði ˌinfɔːˈmeiʃn desk]

- bufete
- snack bar [snæk bɑ:]

No kura perona atiet vilciens uz ...?
Which platform does the train to ... leave from?
[witʃ 'plætfɔ:m dəz ðə trein tʊ ... li:v frɒm]

Vai šis vilciens dodas uz / no ...?
Is this the train to / from ...?
[iz ðis ðə trein tʊ / frɒm]

Pie kura perona pienāk vilciens no ...?
Which platform does the train from ... arrive at?
[witʃ 'plætfɔ:m dəz ðə trein frɒm ... ə'raiv æt]

Vai vilciens no ... kavē?
Is the train from ... delayed?
[iz ðə trein frɒm ... di'leid]

Kur ir ... vagons? Vai vilciena beigās?
Where is car ...? At the end of the train?
[weə iz kɑ: ... ət ði end əv ðə trein]

Vilcienā

U z r a k s t i   v i l c i e n ā

EMERGENCY EXIT	**EMERGENCY BRAKE**
Rezerves izeja	Avārijas bremze

ALARM	**AUTOMATIC DOORS**
Trauksmes zvans	Automātiskās durvis
DO NOT LEAN OUT!	**DRINKING WATER**
Neizliekties!	Dzeramais ūdens
NO DRINKING WATER	**PUSH**
Ūdens nav derīgs dzeršanai	Grūst
PULL	**VACANT**
Vilkt	Brīvs
ENGAGED	
Aizņemts	

Parādiet, lūdzu, manu vietu.

Please show me my seat. [pli:z ʃəʊ mi: mai si:t]

Cik ilgi vilciens šeit stāvēs?

How long are we staying here?
[haʊ lɒŋ ɑ: wi: steiiŋ hiə]

Kur atrodas ...?
Where is ...? [weə iz]
   - restorānvagons
   - the dining car [ðə 'dainiŋ ka:]

   - guļamvagons
   - the sleeping car [ðə 'sli:piŋ ka:]

Vai mēs ieradīsimies laikā?
Are we arriving on schedule?
[a: wi: ə'raiviŋ ɒn 'ʃedju:l]

Vai mēs jau pabraucām garām ...?
Have we already passed ...?
[hæv wi: ɔl'redi pa:st ...]

Kur ir mans plaukts?
Where is my berth? [weə iz mai bɜ:θ]

Es esmu pazaudējis biļeti.
I've lost my ticket. [aiv lɒst mai 'tikit]

Vai es drīkstu atvērt logu?
May I open the window?
[mei ai 'əʊpən ðə 'windəʊ]

Lūdzu, palīdziet man atvērt logu.
Help me to open the window please.
[help mi: tə 'əʊpən ðə 'windəʊ pli:z]

Kā ieslēgt ...?
How can I switch on ...? [haʊ kæn ai switʃ ɒn]
 - ventilatoru
 - the fan [ðə fæn]

 - gaisa kondicionieri
 - the air-conditioner [ði ˈeə-kən,diʃənə]

Šeit ir auksti. Lūdzu, iedodiet vēl vienu segu.
It is cold in here. Give me one more blanket please.
[it iz kəʊld in hiə / giv mi: wʌn mɔː ˈblæŋkit pli:z]

Šeit ir smacīgi. Izvēdināsim.
It is stuffy. Let's have an airing of it.
[it iz ˈstʌfi lets hæv ən ˈeəriŋ əv it]

Lūdzu, atnesiet man kafiju un atspirdzinošus dzērienus.
Bring me coffee and soft drinks please.
[briŋ mi: ˈkɒfi: ənd sɒft driŋks pli:z]

Lūdzu, modiniet mani pusstundu pirms vilciena pienākšanas ...
Please wake me half an hour before we arrive at ...
[pli:z weik mi: hɑːf ən aʊə biˈfɔː wi: əˈraiv ət]

Ceļojums ar kuģi vai prāmi

VĀRDNĪCA: kuģis vai prāmis

borts	side [said]
ekskursija ar kuģi (prāmi)	boat trip [bəʊt trip]
iluminators	porthole ['pɔ:thəʊl]
izkāpt krastā	go ashore / disembark [gəʊ ə'ʃɔ: / ˌdisəm'bɑ:k]
izsēsties krastā	land [lænd]
jūras slimība	sea sickness [si: 'siknis]
kapteiņa palīgs	first mate [fɜ:st meit]
kapteinis	captain ['kæptin]
klājs	deck [dek]
augšējais k.	upper d. ['ʌpə]
apakšējais k.	lower d. ['ləʊə]
pastaigu k.	promenade [ˌprɒmənad]
krasts	shore [ʃɔ:]
kruīzs	cruise [kru:z]
kuģis	ship [ʃip]
laineris	liner ['lainə]
osta	port [pɔ:t]
okeāns	ocean ['əʊʃin]
prāmis	ferry ['feri]
margas	handrails ['hændreilz]
reliņš	rail / railing [reil / 'reiliŋ]
tiltiņš	bridge [bridʒ]

traps	gang-plank ['gæŋplænk]
vējš	wind [wind]
viļņi	waves [weivz]

Uzraksti uz kuģa / prāmja

```
NO ACCESS TO
CAR DECKS
```
Ieeja automobiļu
nodalījumā
aizliegta

```
LIFE BOAT
```
Glābšanas laiva

```
LIFEBELTS
```
Glābšanas vestes

Kad atiet kuģis uz ...?
When does the ship sail for ...?
[wen dʌz ðə ʃip seil fɔ:]

Kādās ostās ieiet mūsu kuģis?
What ports does the ship call at?
[wɒt pɔ:ts dʌz ðə ʃip kɔ:l æt]

Cik ilgs ir mūsu ceļojums?
How long is our voyage?
[haʊ lɒŋ iz 'aʊə 'vɒjidʒ]

Vai kuǵis ieiet ...?
Does the ship call at ...? [dʌz ðə ʃip kɔ:l ət]

Kur ir mana kajīte?
Where is my cabin? [weə iz mai 'kæbin]

Uz kura klāja atrodas mana kajīte?
What deck is my cabin on?
[wɒt dek iz mai 'kæbin ɒn]

Kā lai tieku uz klāja?
How do I get to the deck? [haʊ dʊ ai get tə ðə dek]

Kur atrodas ...?
Where is the ...? [weə iz ðə]

    - bārs
    - bar [bɑ:]

    - baseins
    - swimming-pool ['swimiŋpu:l]

    - kinozāle
    - cinema ['sinəmə]

    - lifts
    - lift / elevator [lift / 'eliveitə]

    - restorāns
    - restaurant ['restərɔ:ŋ]

Kas šī ir par ostu?
What is this port? [wɒt iz ðis pɔ:t]

Kad mēs ieradīsimies ...?
When do we arrive in ...? [wen dʊ wi: ə'raiv in]

Vai ir iespējams doties ...?
Is it possible to go on a ...?
[iz it 'pɒsibl tə gəʊ ən ə]
- **ekskursijā ar kuģi**
- boat trip [bəʊt trip]

- **kruīzā pa upi**
- river cruise ['rivə kru:z]

Ceļošana ar personīgo vai īrētu transportu

Iegaumē!

braukt ar ...
to go by ... [tə gəʊ bai]
- **automašīnu**
- car [kɑ:]

- **velosipēdu**
- bicycle / bike ['baisikl / baik]

- motociklu
- motorcycle / motorbike
 [ˈməʊtəˌsaikl / ˈməʊtəbaik]

ceļot ar autostopu
to hitchhike [tə ˈhitʃhaik]

autovadītāja apliecība
draiving license / draiver's license [ˈdraiviŋ
ˈlaisəns / ˈdraivəz ˈlaisəns]

apdrošināšanas polise
insurance policy [inˈʃʊərəns ˈpɒlisi]

mašīnas dokumenti
vehicle registration documents
[ˈviːikl ˌredʒisˈtreiʃən ˈdɒkjʊmənts]

satiksmes noteikumi
highway code [ˈhaiwei kəʊd]

JŪDŽU UN KILOMETRU SALĪDZINĀJUMS

kilometri	1	10	20	30	40	50	60	70	80	90	100	110	120	130
jūdzes	0,61	6	12	19	25	31	67	44	50	56	62	68	74	81

Ceļi

M (motorway)	– starptautiska automaģistrāle, autostrāde
A road	– valsts nozīmes ceļš
B road	– vietējas nozīmes ceļš
ring road	– apvedceļš (loka)
dual carriageway	– ceļš ar atdalītām braukšanas joslām
bypass, detour	– apbraucamais ceļš
turnpike	– maksas ceļš
freeway, expressway	– automaģistrāle
roundabout / traffic circle	– krustojums ar riņķveida kustību

Uzraksti uz ceļiem

4-way stop	krustojums, kurā «stop» zīme ir pie visām (4) brauktuvēm – pirmais brauc tas, kurš pirmais apstājas
Breakdown Service	Palīdzība uz ceļa
Car / Van Rental	Vieglo automobiļu un piekabju noma
Car Hire	Autonoma
Carpool lane	Josla automašīnām ar vismaz diviem pasažieriem

Caution	Uzmanību
Caution: Automobile Traffic	Sargies no auto
Closed to Traffic	Satiksmei slēgts
Concealed Exit	Grūti pamanāma nobrauktuve
Cross Winds	Sānvējš
Crossroads	Krustojums
Cul-de-Sac	Strupceļš
Damaged Surface	Bojāts segums
Danger	Bīstami
Dangerous Bend	Bīstams pagrieziens
Detour (*ASV*)	Apvedceļš
Diversion (*Lielbr.*)	Apvedceļš
Exit	Izbraukšana; nobrauktuve
Intersection	Krustojums
Level Crossing	Dzelzceļa pārbrauktuve
Loose Chippings	Akmeņi uz ceļa
Maximum Speed	Maksimālais ātrums
Medical Help	Medicīniskā palīdzība
No Entry	Iebraukt aizliegts
No Hard Shoulder	Nenostiprināta ceļa apmale
No Overtaking (*Lielbr.*)	Apdzīt aizliegts
No Parking	Stāvēt aizliegts
No Passing (*ASV*)	Apdzīt aizliegts
No Stopping	Apstāties aizliegts
No U-turn	Apgriezties aizliegts
No Waiting	Apstāties aizliegts
One way	Vienvirziena kustība
Parking	Stāvvieta

Parking by Permit Only	Stāvēt atļauts tikai ar caurlaidēm (atļaujām)
Parking Prohibited	Stāvēt aizliegts
Pedestrian Crossing	Gājēju pāreja
Police	Policija
Public Parking	Sabiedriskā autostāvvieta
Reduce Speed Now	Samaziniet ātrumu
Reserved Parking	Stāvvieta ar rezervētām vietām
Rest Area / Rest Stop / Service Area / Service Station	Atpūtas zona
Road Closed	Ceļš slēgts
Road Narrows	Ceļa sašaurinājums
Road Works	Ceļa remonts
School Children	Uz ceļa bērni
Shoulder	Nomale (*arī asfaltēta*)
Slippery When Wet	Lietus laikā slidens
Slow	Samazināt ātrumu
Slow. School	Samazināt ātrumu. Skola
Speed Checked by Radar	Ātrumu nosaka ar radaru
Speed Limit 55	Ātruma ierobežojums 55 (*jūdzes vai km stundā*)
Stay in Lane	Palieciet joslā
Stop	Apstāties
Stop Here on Red	Pie sarkanās gaismas apstāties šeit
Tow Away Zone	Darbojas autoevakuators
Tunnel Entrance	Iebraukšana tunelī

U-turn	Apgriešanās
Waiting Limited	Drīkst stāvēt no 8 rītā līdz 6
8 am – 6 pm	vakarā ne ilgāk kā 20
20 Minutes in	minūtes
Any Hour	
Yield	Dodiet ceļu

Iegaumē!

automobilis (vieglais)
car [kɑ:]

dzīvojamais treileris
caravan [ˌkærəˈvæn]

mikroautobuss
van [væn]

kravas automobilis
truck / lorry [trʌk / ˈlɒri]

piekabe
trailer [ˈtreilə]

transportlīdzeklis
vehicle [ˈviːikl]

Automašīnas noma

Car Hire (*Lielbr.*)	– automašīnu noma
Car / Van Rental (*ASV*)	– vieglo automašīnu / businu noma
unlimited mileage	– neierobežots nobraukums
insurance	– apdrošināšana

Parasti auto nomas cenā ir iekļauta arī apdrošināšana.

Es vēlētos iznomāt ... (uz nedēļu).
I'd like to rent / hire ... (for one week).
[aid laik tə rent / haiə ... (fɔ: wʌn wi:k)]

- **automašīnu**
- a car [ə kɑ:]

- **sešām personām**
- for six persons [fɔ: siks ˈpɜ:sənz]

- **ar sēdekli bērnam**
- with a child's seat [wɪð ə tʃaildz si:t]

- **ar automātisko / parasto pārnesumkārbu**
- with automatic / manual transmission [wɪð ɔ:təˈmætik / ˈmænjʊel trænsˈmiʃən]

- kabrioletu
- a convertible [ə kən'vɜːtəbl]

- fordu
- a Ford [ə fɔːd]

- mersedesu
- a Mercedes [ə mɜː'seidis]

Cik tas maksā ...?
What is ...? [wɒt iz]
- dienā
- the daily rate [ðə 'deili reit]

- nedēļā
- the weekly rate [ðə 'wiːkli reit]

Cik maksā noma?
What is the charge for rental?
[wɒt is ðə tʃɑːdʒ fɔː 'rentəl]

Vai cenā ir iekļauts ...?
Does this price include ...? [dʌz ðis prais in'kluːd]
- neierobežots nobraukums
- unlimited kilometres / mileage
[ʌn'limitəd 'kiləmiːtəz / mailidʒ]

- civiltiesiskā apdrošināšana
- personal liability cover
['pɜːsənəl ˌlaiə'biləti 'kʌvə]

Kāda degviela nepieciešama?
What kind of fuel does it take?
[wɒt kaind əv fjʊəl dʌz it teik]

Biežāk uzdotie jautājumi un saņemtās atbildes

May I see your driving license?
[mei ai si: jɔ: ′draiviŋ ′laisens]
Vai varētu apskatīties jūsu autovadītāja
apliecību?

Who will be driving? [hu: wil bi: ′draiviŋ]
Kurš vadīs automašīnu?

**For how many days do you want to rent
the car?**
[fɔ: hɒʊ ′meni deiz dʊ ju: wɒnt tə rent ði kɑ:]
Cik dienas jūs vēlaties nomāt auto?

**You may choose to pay partially / half of
the payment and the rest (the balance)
after returning the car.** [ju: mei tʃu:z tə pei
′pɑ:ʃəli / hɑ:f əv ðə ′peimənt ənd ðə rest (ðə
′bæləns) ′ɑ:ftə ri′tɜ:niŋ ðə kɑ:]
Jūs tagad varat apmaksāt daļu / pusi, bet
atlikumu pēc mašīnas atdošanas.

Take the car registration and insurance documents. [teik ðə kɑ: ˌredʒis'treiʃən ənd in'ʃʊərəns 'dɒkjʊmənts]
Paņemiet mašīnas dokumentus un apdrošināšanas polisi.

Degvielas uzpildes stacijā

ATCERIES!

Petrol (Filling) station – Lielbritānijā
Gas station – ASV

VĀRDNĪCA: degviela

antifrīzs	antifreeze ['æntifri:z]
benzīns	petrol (*Lielbr.*) ['petrəl]
	gas, gasoline (*ASV*)
	[gæs 'gæsəli:n]
augstākās kvalitātes	super ['su:pə]
etilētais	leaded ['ledid]
neetilētais	unleaded [ʌn'ledid]
parastais	regular ['regjʊ:lə]
bremžu šķidrums	brake fluid [breik 'flʊid]
dīzeļdegviela	diesel ['di:zəl]
eļļa	oil [ɔil]
freons	freon ['fri:ɔn]
ūdens	water ['wɔ:tə]

Vai uz šī ceļa ir degvielas uzpildes stacija?
Is there a filling / gas station (service station)
along this road? [iz ðeə ə 'filiŋ / gæs 'steiʃn
('sə:vis 'steiʃn) ə'lɒŋ ðis rəʊd]

Cik maksā galons benzīna?
How much is a gallon of gasoline?
[haʊ mʌtʃ iz ə 'gælən əv 'gæsəli:n]

Man vajag 10 litrus ... .
I need ten litres of ... [ai ni:d ten 'li:təz əv ...]
   - benzīna
   - petrol / gasoline ['pətrəl / 'gæsəli:n]

   - dīzeļdegvielas
   - diesel ['di:zəl]

Vai jums ir ...?
Do you have ...? [dʊ ju: hæv]
   - motoreļļa
   - motor oil ['məʊtə ɔil]

   - destilēts ūdens
   - distilled water [dis'tild 'wɔ:tə]

Lūdzu, ...
...please. [pli:z]

- nomazgājiet mašīnu
- wash the car [wɒʃ ðə kɑ:]

- uzpildiet pilnu tvertni
- fill it / the tank up [fil it / ðə tæŋk ʌp]

- pielejiet ūdeni / antifrīzu radiatorā
- put some water / antifreeze in the radiator
[pʊt sʌm ˈwɔ:tə / ˈæntifri:z in ðə ˈreidiˌeitə]

- nomainiet eļļu
- change the oil [tʃeindʒ ði ɔil]

- nomainiet sveces
- change the spark-plugs
[tʃeindʒ ðə ˈspɑ:kplʌgz]

- piepumpējiet riepas
- pump up the tyres [pʌmp ʌp ðə ˈtaiəz]

Cik es jums esmu parādā?
How much do I owe you?
[haʊ mʌtʃ dʊ ai əʊ ju:]

Es maksāšu skaidrā naudā.
I'll pay in cash. [ail pei in kæʃ]

Vai jūs pieņemat kredītkartes?
Do you accept credit cards?
[dʊ ju: əkˈsept ˈkredit kɑ:dz]

Ar velosipēdu, motociklu

---

aizdedze	ignition [igˈniʃən]
ātruma pārslēdzējs	gear lever [giə ˈliːvə]
bremzes	brakes
dzinējs	engine [ˈendʒin]
gaisma	light [lait]
ķēde	chain [tʃein]
mopēds	moped [ˈməʊpəd]
motocikls	motorbike [ˈməʊtəˌbaik]
rāmis	frame [freim]
riepa	tyre [ˈtaiə]
velosipēds	bicycle / bike [ˈbaisikl / baik]
3/18 ātrumu v.	3-/18-gear bicycle
	[θriː ... eiˈtiːn giə ˈbaisikl]
sporta v.	racing bike [ˈreisiŋ baik]
kalnu v.	mountain bike [ˈmaʊntən baik]

Vai tuvumā ir ...?
Is there a ...? [iz ðeə ə ...]
   - velosipēdu rezerves daļu veikals
   - bicycle spare part shop [ˈbaisikl speə paːt ʃɒp]

   - velosipēdu darbnīca
   - bicycle repair shop [ˈbaisikl riˈpeə ʃɒp]

Kur var iznomāt velosipēdu?
Where can I rent a bicycle around here?
[weə kən ai rent ə ˈbaisikl əˈraʊnd hiə]

Es vēlētos izīrēt ... .
I'd like to rent a ... . [aid laik tə rent ə]
- **3/10 ātruma velosipēdu**
- 3/10–gear bicycle
   [θri: ten giə ˈbaisikl]

- **mopēdu**
- moped [ˈməʊpəd]

- **motociklu**
- motorbike [ˈməʊtəˈbaik]

Cik tas maksā ...?
How much does it cost ... ?
- **dienā**
- per day [pɜ: ˈdei]

- **nedēļā**
- per week [pɜ: wi:k]

Vai ir jāiemaksā drošības nauda?
Do you require a deposit?
[dʊ ju: riˈkwaiə ə diˈpɒzit]

Uz ceļa

Kā aizbraukt uz ...?
How do I get to ...? [haʊ dʊ ai get tʊ]

Kurp ved šis ceļš?
Where does this road go?
[weə dʌz ðis rəʊd gəʊ]

Lūdzu, parādiet kartē, kur es atrodos.
Show me where I'm on the map please.
[ʃəʊ mi: weə aim ɒn ðə mæp pli:z]

Kādā virzienā man jābrauc?
What direction should I go?
[wɒt dai'rəkʃən ʃʊd ai gəʊ]

Cik kilometru / jūdžu ir līdz ...?
How many kilometres / miles are there to ...?
[haʊ 'meni 'kilə,mi:təz / mailz ɑ: ðeə tʊ]

Vai šeit drīkst novietot mašīnu?
Is it allowed to park the car here?
[iz it ə'laʊd tə pɑ:k ðə kɑ: hiə]

Vai šis ceļš ir labs?
Is that a good road? [iz ðæt ə gʊd rəʊd]

Vai uz šī ceļa ir ...?
Are there any ... along this road?
[ɑ: ðeə 'eni ... ə'lɒŋg ðis rəʊd]

   - atpūtas zonas
   - rest areas [rest 'eəriəz]

   - moteļi
   - motels [məʊ'telz]

   - autoremontdarbnīcas
   - service stations ['sɜ:vis 'steiʃənz]

   - degvielas uzpildes stacijas
   - filling stations ['filiŋ 'steiʃənz]

Kāda ir nodeva par braukšanu ...?
What is the toll on this ...? [wɒt iz ðə təʊl ɒn ðis]

   - pa šo ceļu
   - road [rəʊd]

   - pār šo tiltu
   - bridge [bridʒ]

   - caur šo tuneli
   - tunnel ['tʌnəl]

Kā aizbraukt uz pilsētas centru?
How can I get to the city centre / downtown?
[hʊʊ kən get tə ðə 'siti 'sentə / 'daʊntaʊn]

Kur ir galvenā iela?
Where is the main / high street?
[weə iz ðə mein / hai stri:t]

Kā atrast ...?
What is the way to ...? [wɒt iz ðə wei tʊ]
- **... ielu**
- the ... street [ðə ... stri:t]

- ... **dzelzceļa staciju**
- the ... railway station [ðə ... ˈreilwei ˈsteiʃən]

- ... **lidostu**
- the ... airport [ðə ... ˈeəpɔ:t]

- **šo adresi**
- this address [ðis əˈdres]

Paldies par palīdzību.
Thanks for your help. [θæŋks fɔ: jɔ: help]

Biežāk uzdotie jautājumi un saņemtās atbildes

You are going the wrong way.
[ju: ɑ: gəʊiŋ ðə rɒŋ wei]
Jūs braucat nepareizā virzienā.

You are on the right way.
[ju: ɑ: ɒn ðə rait wei]
Jūs braucat pareizā virzienā.

Go that way. [gəʊ ðæt wei]
Brauciet pa šo ceļu.

Go to the first (second) intersection.
[gəʊ tə ðə fɜ:st ('sekənd) ,intə' sekʃən]
Brauciet līdz pirmajam (otrajam) krustojumam.

Turn left (right) at the traffic light.
[tɜ:n left (rait) ət ðə 'træfik lait]
Griezieties pa kreisi (pa labi) pie luksofora.

Go back. [gəʊ bæk]
Griezieties atpakaļ.

You'll have to go back to ... .
[ju:l hæv tə gəʊ bæk tʊ]
Jums nāksies atgriezties ... .

Follow the signs for ... . ['fɒləʊ ðə sainz fɔ:]
Sekojiet ceļazīmēm uz ... .

It's ... . [its]
Tas ir ... .
    - straight ahead [streit ə'hed]
    - taisni

- **on the left** [ɒn ðə left]
- kreisajā pusē

- **on the right** [ɒn ðə rait]
- labajā pusē

- **on the other side of the street**
  [ɒn ðə ʌðə said əv ði striːt]
- ielas otrā pusē

- **on the corner** [ɒn ðə ˈkɔːnə]
- uz stūra

- **around the corner** [əˈraʊnd ðə ˈkɔːnə]
- aiz stūra

- **in the direction of ...** [in ðə daiˈrekʃən əv]
- virzienā uz ...

- **opposite ... / behind ...** [ˈɒpəzit / biˈhaind]
- iepretī ... / aiz ...

- **next to ... / after ...** [nekst tʊ / ˈɑːftə]
- blakus ... / aiz ...

Cross the square / bridge [krɒs ðə ˈskweə / bridʒ]
Šķērsojiet laukumu / tiltu

Sk. arī nodaļu «Pilsētā»

Kad auto nedarbojas

Mans auto nedarbojas.
My car has broken down.
[mai kɑ: hæz ˈbrəʊkn daʊn]

Manai mašīnai ... .
My car has ... . [mai kɑ: hæz]
- **beigusies degviela**
- run out of petrol [rʌn aʊt əv ˈpetrəl]

- **ir tukša riepa**
- a flat tyre [ə flæt ˈtaiə]

Vai jums ir ...?
Do you have ...? [dʊ ju: hæv]
- **trose**
- a tow-rope [ˈtəʊrəʊp]

- **«piepīpētāji»**
- jump leads [dʒʌmp li:dz]

- **domkrats**
- a jack [dʒæk]

Vai jūs nepastumtu auto?
Could you give me a push? [kʊd ju: giv mi: ə pʊʃ]

Vai jūs ...?

Can you ...? [kæn juː]

- **neieteiktu automehāniķi**
- recommend a mechanic
  [ˌrekəˈmend ə məˈkænik]

- **neizsauktu auto evakuatoru**
- call for a tow truck [kɔːl fɔː ə təʊ trʌk]

Kur atrodas pilnvarots ... markas autoserviss?

Where's there an authorized repair shop for ...?
[weəz ðeə ən ˈɔːθəraizd riˈpeə ʃɒp fɔː]

Automobilis / motors ... .

The car / engine ... [ðə kaː / ˈendʒin]

- **ir salūzis**
- has broken down [hæz ˈbrəʊkən daʊn]

- **nav iedarbināms**
- won't start [wəʊnt staːt]

- **tam tek eļļa / dzesēšanas šķidrums**
- is leaking oil / coolant [iz ˈliːkiŋ ɔil / ˈkuːlənt]

- **izdod neparastus trokšņus**
- is making funny noises [iz ˈmeikiŋ ˈfʌni nɒiziz]

- **izplata sviluma smaku**
- gives off a smell of burning
[givz ɔf ə smel əv ˈbɜ:niŋ]

Vai jūs varētu saremontēt auto?
Could you fix / repair the car?
[kʊd ju: fiks / riˈpeə ðə kɑ:]

Cik ilgs būs remonts?
How long will the repair take?
[haʊ lɔŋ wil ðə riˈpeə teik]

Vai jums ir šī rezerves daļa?
Have you got that part in stock?
[hæv ju: gɒt ðæt pɑ:t in stɒk]

Cik tas maksā?
How much will it cost? [haʊ mʌtʃ wil it kɒst]

Vai jūs varētu aplēst izmaksas?
Could you give me an estimate?
[kʊd ju: giv mi: ən ˈestimət]

VĀRDNĪCA: automašīna

---

akumulators	battery [ˈbætəri]
svece	spark plug [spɑ:k plʌg]
atpakaļgaitas lukturis	rear light [riə lait]

---

atpakaļskata spogulis (salonā)	interior mirror [in'tiəriə 'mirə]
bagāžnieks	boot [bu:t]
bremze	brake [breik]
buferis	bumper ['bʌmpə]
bremžu lukturis	brake light [breik lait]
degvielas bāka	tank [tæŋk]
drošības josta	safety-belt ['seiftibelt]
durvis	door [dɔ:]
dzensiksna	transmission belt [træns'miʃən belt]
eļļas filtrs	(oil) filter [(ɔil) 'filtə]
gabarītgaisma	side light [said lait]
indikators	indicator [indi'keitə]
izpūtējs	exhaust [ig'zɔ:st]
logu tīrītājs	windscreen wiper ['windskri:n 'waipə]
motors	engine ['endʒin]
numurzīme	number plate ['nʌmbə pleit]
numurzīmes apgaismojums	number-plate light ['nʌmbəpleit lait]
pagrieziena rādītājs	blinker ['bliŋkə]
priekšējais logs	windscreen ['windskri:n]
priekšējie lukturi	headlights ['hedlaits]
radiators	radiator ['reidieitə]
riepa	tyre ['taiə]
sajūgs	clutch [klʌtʃ]
sānspogulis	exterior mirror [eks'tiəriə 'mirə]

sēdeklis	seat [si:t]
spārns	wing [wiŋ]
starteris	starter [ˈstɑːtə]
stūre	steering wheel [ˈstiəriŋ wiːl]
tālā gaisma	full beam [fʊl biːm]

Ceļu policija. Satiksmes negadījumi

alkohola līmenis asinīs	level of alcohol in the blood [ˈlevəl əv ˈælkəhɒl in ðə blʌd]
apdzīšana	overtaking (*Lielbr.*), passing (*ASV*) [ˈəʊvəteikiŋ, ˈpɑːsiŋ]
ātruma ierobežojums	speed limit [spiːd limit]
ātruma pārsniegšana	speeding [ˈspiːdiŋ]
ātrums	speed [spiːd]
automašīnas vadīšana reibumā	drunk driving, driving while intoxicated [drʌnk ˈdraiviŋ, ˈdraiviŋ wail inˈtɒksikeitid]

mašīnas dokumenti	vehicle documents ['viːikl 'dɒkjʊmənts]
mašīnas īpašnieks	car owner [kɑː 'əʊnə]
numura zīme	registration plate / numberplate [redʒi'streiʃən pleit / 'nʌmbəpleit]
policists	policeman / officer [pɒ'liːsmən / 'ɒfisə]
sastrēgums	traffic jam / congestion ['træfik dʒæm / kən'dʒestʃən]
satiksmes negadījums	car accident [kɑː 'æksidənt]
satiksmes noteikumi	traffic regulations ['træfik ˌregjʊ'leiʃəns]
satiksmes noteikumu pārkāpums	violation of traffic regulations [ˌvaiə'leiʃən əv 'træfik ˌregjʊ'leiʃəns]
soda kvīts	ticket ['tikit]
uzlīme ar valsts nosaukumu	nationality sticker [ˌnæʃə'næliti 'stikə]
vadītāja apliecība	driving licence ['draiviŋ 'laisəns]
vadītājs	driver ['draivə]

Lūdzu, palīdziet.
Can you help me, please?
[kæn juː help miː pliːz]

Tas ir ... .
It's ... . [its]

   - uz autostrādes
   - on the motorway [ɒn ðə ˈməʊtəwei]

   - blakus ...
   - near.. [niə]

Izsauciet ...!
Call ... ! [kɔ:l]

   - ātro palīdzību
   - an ambulance [ən ˈæmbjʊləns]

   - ārstu
   - a doctor [ə ˈdɒktə]

   - ugunsdzēsējus
   - the fire brigade [ðə faiə briˈgeid]

   - policiju
   - the police [ðə pɒˈli:s]

Vai es drīkstu izmantot jūsu telefonu? Ir noticis satiksmes negadījums.
May I use your phone? There has been an accident.
[mei ai ju:z jɔ: ˈfəʊn? ðeə hæz bi:n ən ˈæksidənt]

Tā nav mana vaina.
It's not my fault. [its nɒt mai fɔ:lt]

Viss ir kārtībā. Neuztraucieties.
It's all right. Don't worry. [its ɔ:l rait dəʊnt 'wɒri]

Ir cietušie.
There are injured people. [ðeə ɑ: 'indʒəd pi:pl]

Viņš / viņa ir bezsamaņā.
He / she is unconscious. [hi: / 'ʃi: iz ʌn'kɒnʃəs]

Man vajadzīgs tulks.
I need an interpreter. [ai ni:d ən in'tɜ:pritə]

Viņš / viņa brauca pārāk ātri / tuvu.
He / she was driving too fast / too close.
[hi: / ʃi: wɒz 'draiviŋ tu: fɑ:st / tu: kləʊs]

Es braucu ar ātrumu ... km/h.
I was driving at ... kilometres per hour.
[ai wɒs 'draiviŋ ət ... 'kilə,mi:təz pɜ: 'aʊə]

Te ir manas apdrošināšanas polises numurs.
Here's my insurance number.
[hiəz mai in'ʃʊərəns 'nʌmbə]

Es zvanu policijai.
I'm calling the police. [aim kɔ:liŋ ðə pə'li:s]

Vai jūs esat ar mieru būt par liecinieku?
Would you act as my witness?
[wəd ju: ækt əz mai 'witnis]

Vai jūs nevarētu mani aizvest līdz ...?
Can you give me a lift to ...?
[kən ju: giv mi: ə lift tʊ]

Biežāk uzdotie jautājumi un saņemtās atbildes

Can I see your ...? [kæn ai si: jɔ:]
Vai varētu lūgt jūsu ...?
- **driving licence** [ˈdraiviŋ ˈlaisəns]
- vadītāja apliecību

- **insurance documents**
  [inˈʃʊərəns ˈdɒkjʊmənts]
- apdrošināšanas dokumentus

- **vehicle registration documents**
  [ˈvi:ikl ˌredʒisˈtreiʃən ˈdɒkjʊ:mənts]
- automobiļa reģistrācijas dokumentus

What time did it happen?
[wɒt taim did it ˈhæpən]
Cikos tas notika?

Where did it happen? [weə did it ˈhæpən]
Kur tas notika?

Whose fault is it? [hu:z fɔ:lt iz it]
Kurš ir vainīgs?

Are there any witnesses? [ɑ: ðeə 'eni 'witnəsiz]
Vai ir liecinieki?

You were speeding. [ju: weə 'spi:diŋg]
Jūs pārsniedzāt ātrumu.

You have committed a traffic violation.
[ju: hæv kə'mitid ə trəfik ˌvaiə'leiʃən]
Jūs pārkāpāt ceļu satiksmes noteikumus.

Your lights aren't working. [jɔ: laits ɑːnt 'wɜːkiŋ]
Mašīnai nedeg gaismas.

You'll have to pay a fine (on the spot).
[ju:l hæv tə pei ə fain (ɒn ðə spɒt)]
Jums jāmaksā sods (uz vietas).

We need you to make a statement at the police station.
[wi: ni:d ju: tə meik ə 'steitmənt ət ðə pə'li:s steiʃn]
Jums būs jāsniedz liecība policijas iecirknī.

Sk. arī nodaļu «Ja esi nonācis nepatīkamā situācijā»

PILSĒTĀ

braukt ar ...
to go by ... [tə gəʊ bai]
> **automašīnu**
> car [kɑ:]

> **velosipēdu**
> bicycle / bike [ˈbaisikl / baik]

> **motociklu**
> (motor)bike [(ˈməʊtə)baik]

braukt ar ...
to take the ... [tə teik ðə]
> **autobusu**
> bus [bʌs]

> **vilcienu**
> train [trein]

> **tramvaju**
> tram [træm]

120

metro
tube / underground (*Lielbr.*)
[tju:b / ˈʌndəgraund]

metro
subway (*ASV*) [sʌbwei]

kuģi
boat [bəʊt]

prāmi
ferry [feri]

ceļot ar autostopu
to hitchhike [tə ˈhitʃhaik]

iet kājām
to go on foot [tə gəʊ ən fut]

lidot
to fly [tə flai]

vadīt automašīnu
to drive [tə draiv]

Jautāt ceļu

Parādiet, lūdzu, ceļu uz ... .
Please, show me the way to ... .
[pli:z ʃəʊ mi: ðə wei tə]

Cik jūdžu līdz ...?
How many miles are there to ...?
[haʊ 'meni mailz ɑ: ðeə tə]

Uz kurieni ved šis ceļš?
Where does this road go to?
[weə dʌz ðis rəʊd gəʊ tə]

Kur jūs dodaties?
Where are you going to? [weə ɑ: ju: 'gəʊiŋ tʊ]

Es eju ... .
I'm going ... . [aim 'gəʊiŋ]
 - **uz mājām**
 - home [həʊm]

 - **uz viesnīcu**
 - to the hotel [tə ðə həʊ'tel]

 - **iepirkties**
 - shopping ['ʃɒpiŋ]

Mēs braucam uz ... .
We are going to ... . [wi: ɑ: 'gəʊiŋ tʊ]
   - Čikāgu
   - Chicago [ʃi'kɑ:gəʊ]

   - Mančestru
   - Manchester ['mæntʃəstə]

Ejiet pa labi (pa kreisi) un tad taisni.
Turn right (left) and then go straight ahead.
[tɜ:n rait (left) ənd ðən gəʊ streit ə'hed]

Dodieties uz trešo stāvu.
Go up to the third floor / level.
[gəʊ ʌp tə ðə θə:d flɔ: / 'levəl]

Atvainojiet! Vai es eju pareizi uz ...?
Excuse me! Is this the right way to ...?
[iks'kju:z mi: iz ðis ðə rait wei tə]

Ejiet līdz krustojumam un pagriezieties pa labi (kreisi).
Go as far as the crossroads / intersection and turn right (left). [gəʊ əs fɑ: əs ðə 'krɒsrəʊdz / ˌintə'sekʃən ənd tɜ:n rait (left)]

apļveida kustība	roundabout ['raʊndəbaʊt]
braukt (piem., ar autobusu)	to take [tə teik]
iekāpt	to get on [tə get ɒn]
iet, braukt	to go [tə gəʊ]
iet, braukt aiz	to follow [tə 'fɒləʊ]
izkāpt	to get off [tə get ɒf]
kreisajā pusē	(on the) left (hand side) [(ɒn ðə) left (hænd said)]
labajā pusē	(on the) right (hand side) [(ɒn ðə) rait (hænd said)]
laukums	square [skweə]
luksofors	(set of) traffic lights [(set əv) 'træfik laits]
pagriezties	to turn [tə tɜːn]
pa kreisi	(to the) left [(tə ðə) left]
pa labi	(to the) right [(tə ðə) rait]
pāriet	to cross [tə krɒs]
T-veida krustojums	T-junction ['tiːdʒʌŋkʃən]
aiz	behind [bi'haind]
blakus	beside [bi'said]
iekšpusē	in [in]
pretī	opposite ['ɒpəzit]
pirms	in front of [in frɒnt əv]
starp	between [bi'twiːn]
uz	on [ɒn]

virs	over / above [ˈəʊvə / əˈbʌv]
zem	under / below [ˈʌndə / biˈləʊ]

Sabiedriskais transports

Autobusu satiksme

Iegaumē!

autobuss	
starppilsētu a.	coach (*Lielbr.*) [ˈkəʊtʃ]
	long-distance bus (*ASV*)
	[lɒŋ-ˈdistəns bʌs]
divstāvu a.	double-decker [dʌbl ˈdekə]
nakts a.	night bus [nait bʌs]
autobusu pietura	bus stop [bʌs stɒp]
autobusa vadītājs	driver [ˈdraivə]
autoosta	bus terminal [bʌs ˈtɜːminəl]
	coach station (*Lielbr.*)
	[kəʊtʃ ˈsteiʃn]
	bus station (*ASV*) [bʌs ˈsteiʃn]
brauciens	jorney (*Lielbr.*) / trip (*ASV*) [trip]
braukšanas karte	travel card [ˈtrævəl kɑːd]
iekāpt	get on [get ɒn]
ieņemt vietu	take a seat [teik ə siːt]
izkāpt	get off [get ɒf]
pārsēsties ...	change to ... [tʃeindʒ tʊ]

Uzraksti autoostā un autobusu pieturās

BUS STOP

Autobusa pietura

REQUEST

Pietura pēc pieprasījuma

ROUTE (1, 2, 3 ...)

Maršruts (1, 2, 3 ...)

REGULAR DAILY SERVICE

Regulārs ikdienas maršruts

MONDAY – FRIDAY ONLY / MONDAY THROUGH FRIDAY

Tikai darbdienās

QUEUE UP / LINE UP FOR BUS

Iekāpšana rindas kārtībā

HAVE EXACT MONEY / CHANGE READY

Sagatavojiet precīzu naudu

Uzraksti autobusā

PAY HERE

Maksāt vadītājam

EXACT FARE ONLY

Brauciena laikā nauda netiek izdota

RING	**NO SMOKING**
Zvanīt (*lai ziņotu vadītājam, ka vēlaties izkāpt*)	Nesmēķēt

EMERGENCY EXIT	**EXIT**
Rezerves izeja	Izeja

Kur atrodas autobusu saraksts?
Where is the bus time-table?
[weə iz ðə bʌs 'taimteibl]

No kuras pieturas atiet autobuss uz ...?
Which platform does the bus to ... leave
from? [witʃ 'plætfɔːm dʌz ðə bʌs tə ... liːv frɒm]

Cikos iet autobuss uz ...?
When is the bus to ...? [wen iz ðə bʌs tə]

Vai tas ir ekspresis?
Is this an express bus? [iz ðis ən iks'pres bʌs]

Kur autobuss apstājas pa ceļam?
Where does the bus stop on the way?
[weə dʌz ðə bʌs stɒp ɒn ðə wei]

Cik ilgi autobuss brauc līdz ...?

How much time does it take to get to ...?

[haʊ mʌtʃ taim dʌz it teik tə get tʊ]

Lūdzu, vienu biļeti līdz ... .

One ticket to ..., please. [wʌn 'tikit tə ... pli:z]

- **lielveikalam**
- the department store
  [ðə 'dipa:tmənt stɔ:]

- **viesnīcai ...**
- the ... hotel [ðə ... həʊtəl]

- **baznīcai**
- church [tʃɜ:tʃ]

Pasakiet, lūdzu, kur man jāizkāpj!

Tell me when to get off. [tel mi: wen tə get ɒf]

Man nav sīknaudas.

I have no small change. [ai hæv nəʊ smɔ:l tʃeindʒ]

Cik maksā biļete līdz ...?

How much is the fare to ...?

[haʊ mʌtʃ iz ðə feə tʊ]

Kas šī par pieturu?

What stop is this? [wɒt stɒp iz ðis]

Vai jūs nākamajā pieturā izkāpsiet?
Are you getting off at the next stop?
[ɑ: ju: getiŋ ɒf ət ðə nekst stɒp]

Atļausiet paiet garām?
Please let me by. [pli:z let mi: bai]

Vai jūs šeit izkāpjat?
Are you getting off now? [ɑ: ju: 'getiŋ ɒf naʊ]

Biežāk uzdotie jautājumi un saņemtās atbildes

You need that stop over there.
[ju: ni:d ðæt stɒp 'əʊvə ðeə]
Jums vajadzīgā pietura ir tur.

You need bus No. ... [ju: ni:d bʌs 'nʌmbə]
Jums nepieciešams ... autobuss.

You must change buses at ... .
[ju: mʌst tʃeindʒ 'bʌsis ət]
Jums jāpārsēžas ... .

You can get there by route ... or ...
[ju: kæn get ðeə bai ru:t ... ɔ: ...]
Jūs varat tur aizbraukt ar ... vai ... maršruta
(autobusu).

Fare, please! [feə pli:z]
Lūdzu, apmaksājiet braucienu!

Metro

ATCERIES!

Underground (*Lielbr.*) ['ʌndəgraʊnd]
Tube (*Lielbr.*) [tju:b]
Subway (*ASV*) ['sʌbwei]

Uzraksti metro stacijā un vilcienā

THIS WAY FOR PLATFORM 5 (6, 7 ...)	BOOKING OFFICE (*LIELBR.*) / TICKET OFFICE (*ASV*)
Eja uz 5. (6., 7. ...) peronu	Kase

TICKET	PICK UP YOUR TICKET
Biļete	Paņemiet savu biļeti

KEEP LEFT	KEEP RIGHT
Ejiet pa kreiso pusi	Ejiet pa labo pusi

Kur ir tuvākā metro stacija?
Where's the nearest tube / subway station?
[weəz ðə 'niərist tju:b / 'sʌbwei 'steiʃn]

Kur es varu nopirkt ...?
Where do I buy ...? [weə dʊ ai bai]
- biļeti
- a ticket [ə 'tikit]

- karti
- a card [ə kɑːd]

- žetonu
- a token ['təʊkən]

Vai es varētu dabūt metro shēmu?
Could I have a map of the underground / subway?
[kʊd ai hæv ə mæp əv ði 'ʌndəgraʊnd / 'sʌbwei]

Pa kuru maršrutu var aizbraukt uz ...?
Which underground / subway line goes to ...?
[witʃ 'ʌndəgraʊnd / 'sʌbwei lain gəʊz tʊ]

Taksometrs

ATCERIES!

Lielbritānijā taksometra vadītājam pienākas dzeramnauda, kas ir 10–15 % no kopējās summas. ASV dzeramnauda ir ieskaitīta rēķinā.

Kur var atrast taksometru?
Where can I get a taxi? [weə kæn ai get ə 'tæksi]

Vai jūs nepateiktu tālruņa numuru, pa kuru var izsaukt taksometru?
Do you have a phone number for taxi?
[dʊ ju: hæv ə fəʊn 'nʌmbə fɔ: 'tæksi]

Man nepieciešams taksometrs ... .
I'd like a taxi ... . [aid laik ə 'tæksi]
    - tūlīt
    - right now [rait naʊ]

    - pēc stundas
    - in an hour [in ən 'aʊə]

- rīt plkst. 9⁰⁰
- tomorrow at nine o'clock / a. m.
[tə'mɒrəʊ ət nain ə'klɒk / ei em]

Adrese ir ... . Es braukšu uz ... .
The address is ... . I'm going to ... .
[ði ə'dres iz ... aim gəʊiŋ tʊ ...]

Lūdzu, aizvediet mani uz ... .
Please take me to ... . [pli:z teik mi: tʊ]
- lidostu
-the airport [ði 'eəpɔ:t]

- staciju
- the rail / train station [ðə reil / trein steiʃən]

- uz šo adresi
- this address [ðis ə'dres]

Cik tas maksā?
How much will it cost? [haʊ mʌtʃ wil it kɒst]

Skaitītājs rāda ... .
On the meter it's ... . [ɒn ðə 'mi:tə it iz]

Atlikumu paturiet.
Keep the change. [ki:p ðə tʃeindʒ]

Viesnīcas, moteļi, kempingi

Uzraksti

RECEPTION

Reģistratūra

VACANCIES

Ir brīvas vietas

NO VACANCIES

Vietu nav

PLEASE HAND IN YOUR KEY AT THE DESK

Lūdzu, atstājiet atslēgu reģistratoram

DO NOT DISTURB

Netraucēt

FIRE DOOR

Rezerves izeja

RAZOR ONLY

Tikai elektroskuveklim

CHECK-OUT TIME BY 11 O'CLOCK / A. M.

Izrakstīšanās laiks līdz plkst. 11^{00}.

PLEASE ASK IF YOU NEED A PORTER

Ja nepieciešams nesējs, jautājiet reģistratoram

THE MANAGEMENT DOES NOT ACCEPT RESPONSIBILITY FOR POSSESSIONS LEFT IN THE DINING ROOM

Administrācija neatbild par viesnīcas restorānā aizmirstajām mantām

FIRE ALARM	PRESS HERE
Ugunsgrēka trauksme	Spiediet šeit

BREAK GLASS	IN THE EVENT OF FIRE DO NOT USE THE LIFT / ELEVATOR
Izsitiet stiklu (*ugunsgrēka signalizācija*)	Ugunsgrēka laikā liftu nelietot

Iegaumē!

viesnīca	hotel [həʊ'tel]
naktsmājas ar brokastīm	bed and breakfast (B&B) [bed ənd 'brekfəst (bi: ənd bi:)]
viesu nams	guesthouse ['gesthaʊs]
kempings	camping ['kæmpiŋ]
hostelis, kopmītnes	(youth) hostel [(ju:θ) 'hɒstəl]
Kristīgās asociācijas (ASV)	
Vīriešu kristīgā asociācija	YMCA (Young Men's Christian Association) [wai em si: ei (jʌŋ mens 'kriʃtjən ə,səʊsi'eiʃən)]
Sieviešu kristīgā asociācija	YWCA (Young Women's Christian Association) [wai 'dʌblju: si: ei (jʌŋ 'wimins 'kristjən ə,səʊsi'eiʃən)]

Vietu rezervēšana

Kādu viesnīcu jūs ieteiktu ...?
Can you recommend a hotel in ...?
[kæn ju: ˌrekə'mend ə həʊ'tel in ...]

Vai tā ir pilsētas centrā?
Is it downtown? [iz it 'daʊntaʊn]

Cik maksā numurs diennaktī?
How much is it per night?
[haʊ mʌtʃ iz it pɜ: nait]

Vai jūs neieteiktu ...?
Could you recommend a ...?
[kʊd ju: ˌrekə'mend ə]
  - naktsmājas ar brokastīm
  - B&B [bi: ənd bi:]

  - klusu viesu namu
  - quiet guesthouse
    ['kwaiət 'gesthaʊs]

  - mērenu cenu viesnīcu (pilsētas centrā)
  - moderately priced hotel (in the centre)
    ['mɒdərətli praist 'həʊtel (in ðə 'sentə)]

  - jauniešu hosteli
  - youth hostel [ju:θ 'hɒstəl]

- lauku viesnīcu
- inn [in]

Kur atrodas viesnīca ...?
Where's the hotel ...? [weəs ðə həʊ'tel]

Man vajadzīgs ... .
I need ... . [ai ni:d]
- vienvietīgs numurs
- a single room [ə 'siŋgl ru:m]

- divvietīgs numurs
- a double room [ə 'dʌbl ru:m]

Mums vajadzīgi divi vienvietīgi numuri.
We need two singles rooms.
[wi: ni:d tu: siŋgls ru:ms]

Mums vajadzīgs luksusnumurs.
We need a suite. [wi: ni:d ə swi:t]

Man vajadzīgs numurs ... .
I'd like a room ... . [aid laik ə ru:m]
- vienai naktij
- for a night [fɔ: ə nait]

- ar dušu un tualeti
- with a shower and a toilet
[wið ə ʃaʊə ənd ə 'tɔilət]

Reģistrācija

Man ir rezervēta vieta.
I have a reservation. [ai hæv ə ‚rezə'veiʃən]

Mans vārds ir ... .
My name is ... . [mai neim iz]

Mēs pasūtījām divvietīgu un vienvietīgu numuru.
We've reserved a double and a single room.
[wi:v ri'zɜ:vd ə 'dʌbl ənd ə siŋgl ru:m]

Vai mēs varētu dabūt savienotus / blakus esošus numurus?
Could we have adjoining rooms?
[kʊd wi: hæv ə'dʒɔiniŋ ru:ms]

Ērtības

Vai istabā ir ...?
Is there ... in the room? [iz ðæə ... in ðə ru:m]
  - **televizors**
  - a TV [ə ti: vi:]

  - **telefons**
  - a phone [ə fəʊn]

- duša
- a shower [ə ˈʃaʊə]

Vai viesnīcā ir ...?
Has the hotel got ... [hæz ðə heʊˈtel gɒt]
- gaisa kondicionieris
- air conditioning [eə kənˈdiʃənɪŋ]

- solārijs
- a solarium [ə səʊˈleərɪəm]

- baseins
- a swimming pool [ə ˈswimɪŋ puːl]

Vai jūs nevarētu numurā ievietot ...?
Could you put ... in the room?
[kʊd ju: put ... in ðə ruːm]
- vēl vienu gultu
- an extra bed [ən ˈekstrə bed]

- bērnu gultiņu
- a cot (Lielbr.) [ə kɒt]
- a crib (ASV) [ə krib]

Vai jums ir iekārtas, aprīkojums ...?
Do you have facilities for ...?
[dʊ ju: hæv fəˈsilitiz fɔ:]
- bērniem
- children [ˈtʃildrən]

- invalīdiem
- disabled people [dis'eibld pi:pl]

Vai man ir jāiemaksā avanss?
Do I have to pay a deposit?
[dʊ ai hæv tə pei ə di'pɒzit]

Biežāk uzdotie jautājumi un saņemtās atbildes

Can I see your passport, please?
[kæn ai si: jɔ: 'pɑ:spɔ:t pli:z]
Jūsu pasi, lūdzu!

Can you fill in / out this form?
[kæn ju: fil in / aʊt ðis fɔ:m]
Aizpildiet šo veidlapu.

What is the registration number of your car?
[wɒt iz ðə ˌredʒis'treiʃən 'nʌmbə əv jɔ: kɑ:]
Kāds ir jūsu automobiļa reģistrācijas numurs?

Veidlapas paraugs

ROOM ONLY £ ...   Numura cena ... £
                                  (sterliņu mārciņas)

BREAKFAST INCLUDED   Brokastis ietilpst cenā
NAME, FIRST NAME   Uzvārds, vārds

HOME ADDRESS / **STREET / NUMBER**	Mājas adrese / iela / mājas numurs
NATIONALITY / **OCCUPATION**	Tautība / nodarbošanās
DATE / PLACE OF BIRTH	Dzimšanas datums / vieta
PASPORT NUMBER	Pases dati
CAR REGISTRATION **NUMBER**	Mašīnas numurs
PLACE / DATE	Vieta / laiks
SIGNATURE	Paraksts

Numura izvēle

Parādiet man numuru.
Show me the room. [ʃəʊ mi: ðə ru:m]

Labi. Es to ņemu.
That's fine. I'll take it. [ðæts fain. ail teik it]

Tas ir pārāk ... .
It's too ... . [its tu:]
   - tumšs
   - dark [dɑ:k]

   - mazs
   - small [smɔ:l]

- trokšņains
- noisy ['nɔizi]

- smacīgs
- stuffy ['stʌfi]

- mitrs
- dump [dʌmp]

- auksts
- cold [kəʊld]

Sūdzības

Nedarbojas ... .
The ... doesn't work. [ðə ... dʌznt wɜ:k]
   - gaisa kondicionieris
   - air conditioning [eə kən'diʃəniŋ]

   - ventilators
   - fan [fæn]

   - apkure
   - heating ['hi:tiŋ]

   - gaisma
   - light [lait]

Es nevaru ieslēgt / izslēgt apkuri.
I can't turn the heating on / off.
[ai kɑ:nt tɜ:n ðə hi:tiŋ ɒn / ɒf]

Nav ... .
There is no ... . [ðeə iz nəʊ]
   - karstā ūdens
   - hot water [hɒt ˈwɔ:tə]

   - tualetes papīra
   - toilet paper [ˈtɔilət ˈpeipə]

Krāns pil.
The tap is dripping. [ðə tæp iz dripiŋ]

Tualete / izlietne ir aizsērējusi.
The toilet / sink is clogged.
[ðə ˈtɔilət / siŋk iz klɒgd]

Logs / durvis ir iesprūdušas.
The window / door is jammed.
[ðə ˈwindəʊ / dɔ: iz dʒæmd]

Mans numurs nav uzkopts.
My room has not been tidied up.
[mai ru:m hæz nɒt bi:n ˈtaidid ʌp]

Televizors ... .
The TV set ... . [ðə ti: vi: set]

- slikti rāda
- works badly [wɜːks ˈbædli]

- nestrādā
- is broken [iz ˈbrəʊkən]

Dažādi jautājumi

Kur atrodas ...?
Where's the ...? [weəz ðə]
    - lifts
    - lift / elevator [lift / ˈeləveitə]

    - bārs
    - bar [bɑː]

    - duša
    - shower [ˈʃaʊə]

    - autostāvvieta
    - parking lot / car park [ˈpɑːkiŋ lɒt / kɑː pɑːk]

    - baseins
    - swimming pool [ˈswimiŋ puːl]

Cikos tiek slēgtas ārdurvis?
At what time is the front door locked?
[æt wɒt taim iz ðə frʌnt dɔː lɒkt]

Cikos ir brokastis?

What time is the breakfast?

[wɒt taim iz ðə ˈbrekfəst]

Vai šeit ir apkalpošana numurā?

Do you have a room service?

[dʊ ju: hæv ə ru:m ˈsɜ:vis]

Vai es varu dabūt vēl vienu ...?

Can I have an extra ...? [kæn ai hæv ən ˈekstrə]

   - pelddvieli
   - bath towel [bɑ:θ ˈtaʊəl]

   - segu
   - blanket [ˈblæŋkət]

   - spilvenu
   - pillow [ˈpiləʊ]

   - ziepes
   - soap [ˈsəʊp]

Vai es varu šo atstāt viesnīcas seifā?

Can I leave this in the hotel safe?

[kæn ai li:v ðis in ðə həʊˈtəl seif]

Vai es varētu izņemt savas mantas no seifa?

Could I have my things from the safe?

[kʊd ai həv mai θiŋz frɒm ðə seif]

Es gribētu pasūtīt brokastis numurā.
I'd like to have breakfast in my room, please.
[aid laik tə hæv 'brekfəst in mai ru:m pli:z]

Vai jūs varētu uzmodināt mani ...?
Could you wake me at ...? [kʊd ju: weik mi: æt]

Lūdzu atslēgu no ... numura.
The key to room ... please. [ðə ki: tə ru:m ... pli:z]

Es pazaudēju atslēgu.
I've lost my key. [aiv lɒst mai ki:]

Mana atslēga palika numurā.
I've locked myself out. [aiv lɒkt maiself aʊt]

Vai man nav atstāta kāda ziņa?
Are there any messages for me?
[ɑ: ðeə 'eni 'mesidʒiz fɔ: mi:]

Jauniešu viesnīca (hostelis)

Vai šodien ir brīvas vietas?
Do you have any vacancies left for tonight?
[dʊ ju: hæv 'eni 'veikənsiz left fɔ : tə'nait]

Vai jūs iznomājat gultas veļu?
Do you rent bedding? [dʊ ju: rent 'bediŋ]

Man ir Starptautiskā studentu karte (ISIC).
I have the International Student Identity Card (ISIC).
[ai hæv ði intə'næʃənl 'stju:dənt ai'dentiti kɑ:d]

Kempings

Vai tuvumā ir kempings?
Is there a camp site near here?
[iz ðeə ə kæmp sait niə hiə]

Vai ir kāda vieta teltij?
Do you have any space for a tent?
[dʊ ju: hæv 'eni speis fɔ: ə tent]

Vai šeit ir iespējams gatavot ēst?
Are there cooking facilities on site?
[ɑ: ðeə 'kʊkiŋ fə'silitiz ɒn sait]

Kur šeit ir ...?
Where is / are the ... [weə iz / ɑ: ðə]
   - dzeramais ūdens
   - drinking water ['driŋkiŋ 'wɔ:tə]

   - atkritumu tvertnes
   - dustbins (*Lielbr.*) / garbage cans (*ASV*)
     ['dʌstbinz / 'gɑ:bidʒ kæns]

   - dušas
   - showers ['ʃaʊəz]

Uzraksti kempingā

NO CAMPING

Teltis celt nedrīkst

DRINKING WATER

Dzeramais ūdens

NO FIRES / BARBECUES

Nekurināt
ugunskurus

Izrakstīšanās

Kad jāatbrīvo numurs?
What time do we need to vacate the room?
[wɒt taim dʊ wi: ni:d tʊ vei'keit ðə ru:m]

Vai varam atstāt savas somas līdz ...?
Could we leave our bags here until ...?
[kʊd wi: li:v 'aʊə bægs hiə ʌn'til]

Es aizbraucu tagad.
I'm leaving now. [aim li:viŋ naʊ]

Lūdzu, izsauciet taksometru.
Could you call me a taxi, please.
[kʊd ju: kɔ:l mi: ə 'tæksi pli:z]

Vai varu saņemt rēķinu?
May I have my bill, please. [mei ai hæv mai bil pli:z]

Man šķiet, ka rēķinā ir kļūda.

I think there's a mistake in this bill.

[ai θiŋk ðeəs ə mis'teik in ðis bil]

Es ņēmu ... no bāra.

I took ... from the minibar.

[ai tʊk ... frɒm ðə 'mini,bɑ:]

Es zvanīju ... reizes.

I made ... phone calls. [ai meid ... fəʊn kɔ:lz]

Vai varu lūgt detalizētu rēķinu?

Can I have an itemized bill?

[kæn ai hæv ən 'aitemaizd bil]

Vai varu saņemt čeku?

Can I have a receipt? [kæn ai hæv ə ri'si:t]

Man šeit ļoti patika.

I really enjoyed the stay.

[ai 'riəli in'dʒɔid ðə stei]

PIE GALDA

Kur paēst?

«Kontinentālās» brokastis (tēja vai kafija, maizīte ar ievārījumu).
«Continental» breakfast (*tea or coffee, a roll with jam*).

graudaugu (kukurūzas) pārslas ar pienu
cereal (corn-flakes) with milk
['siəriəl ('kɔ:nfleiks) with milk]

augļu sula
fruit juice
[ˌfru:t 'dʒu:s]

tēja vai kafija
tea or coffee
['ti: ɔ: 'kɒfi]

grauzdēta maizīte ar sviestu un marmelādi (apelsīnu ievārījumu)
toast with butter and marmelade (orange jam)
[təʊst wið ˈbʌtə ənd ˈmaːməleid (ˈɒrindʒ dʒæm)]

«Angļu» brokastis (*siltās brokastis*). Tajās ietilpst «kontinentālās» brokastis plus:
full English breakfast (*cooked breakfast*)

cepts speķis
fried bacon
[ˌfraid ˈbeikn]

cepta vai vārīta ola, vai olu kultenis
fried or boiled egg, or scrambled eggs
[ˌfraid ɔː ˌbɔild ˈeg ɔː ˌskræmbld ˈegz]

cepta desa
fried sausage
[ˌfraid ˈsɒsidʒ]

cepti tomāti
fried tomatoes
[ˌfraid ˈsɒsidʒ]

VĀRDNĪCA: vietas, kur paēst

bar [bɑ:]	bārs
bistro [ˈbi:strəʊ]	bistro
brasserie [ˈbræsəri:]	alus bārs
café / coffee shop /	kafejnīca
coffee house [ˈkæfei /	
ˈkɒfi ʃɒp / ˈkɒfi haʊs]	
cake-shop [keik ʃɒp]	konditoreja
diner [ˈdainə]	mazs, lēts restorāns
drive-in / drive-through	autovadītājiem
	domātas ēdināšanas
	iestādes, kur pārtiku
	saņem, neizkāpjot no
	mašīnas
eatery [ˈi:təri]	lēta ēdnīca
fast food restaurant	ātrās ēdināšanas
[fɑ:st fu:d ˈrestərɔ:ŋ]	restorāns
fish and chip shop /	zivju bārs (*pasniedz*
chipper / chippy	*ceptas zivis ar*
[fiʃ ənd tʃip ʃɒp /	*kartupeļiem*)
ˈtʃipə / ˈtʃipi]	
grill [gril]	grilbārs
hot-dog stall / stand	
[ˈhɒtdɒg stɔ:l / stænd]	hotdogu kiosks
inn [in]	krogs, krodziņš
pizzeria / pizza parlour	
[pi:tsəˈriə / ˈpi:tsə ˈpɒ:lə]	picērija

---

pub (= public house) [pʌb]	pabs
restaurant ['restərɔːŋt]	restorāns
seafood restaurant	zivju restorāns
['siːfuːd 'restərɔːŋt]	
self-service [self 'səːvis]	pašapkalpošanās ēdnīca
snack-bar ['snækbɑː]	uzkodas
steak house [steik haʊs]	restorāns, kur pasniedz steikus, barbekjū, bifštekus, karbonādes u. tml.
tea-room / tea shop	tējnīca
['tiːrʊm / 'tiːʃɒp]	
wine bar ['wainbɑː]	vīna bārs

Vai jūs neieteiktu labu restorānu?
Can you recommend a good restaurant?
[kæn juː ˌrekəmend ə gʊd 'restərɔːŋt]

Vai tuvumā ir ... restorāns?
Is there a (an) ... restaurant near here?
[iz ðeə ə (ən) ... 'restərɔːŋt niə hiə]

- **nacionālais**
- traditional [trə'diʃənəl]

- **ķīniešu**
- Chinese ['tʃaiˌniːz]

- **indiešu**
- Indian ['indiən]

- franču
- French [frentʃ]

- grieķu
- Greek [gri:k]

- itāļu
- Italian [i'tæljən]

- turku
- Turkish ['tɜ:kiʃ]

- lēts
- inexpensive [ˌinəks'pensiv]

- veģetāriešu
- vegetarian [ˌvedʒi'teəriən]

Kur es varu atrast ...?
Where can I find a ...? [weə kæn ai faind ə]
- hamburgeru kiosku
- hamburger stand ['hæmbɜ:gə stænd]

- kafejnīcu
- café ['kæfei]

- kafejnīcu / restorānu ar alus dārzu
- café / restaurant with a beer garden
['kæfei / 'restərɔ:ŋt]

- ātrās ēdināšanas restorānu
- fast-food restaurant [fɑːst fuːd ˈrestərɔːŋt]

- tējnīcu
- tea-room [ˈtiːrʊm]

- picēriju
- pizzeria [piːtsəˈriə]

- grilbāru
- grill [gril]

Galdiņa pasūtīšana

Es vēlos pasūtīt galdiņu ... .
I'd like to book a table for ... .
[aid laik tə bʊk ə teibl fɔː]
  - divām personām
  - two [tuː]

  - uz šovakaru
  - for tonight [fɔː təˈnait]

Uz ... vārda.
The name is ... . [ðə neim iz]

Labvakar, mēs esam trīs.
Good evening, there are three of us.
[gʊd ˈiːvniŋ ðeə ɑː θriː əv ʌs]

Es esmu viens.
I'm alone. [aim ə'ləʊn]

Mēs pasūtījām galdiņu ... .
We booked a table for ... . [wi: bukt ə teibl fɔ:]

Vai varam sēdēt ...?
Could we sit ...? [kʊd wi: sit]
   - tur
   - over there ['əʊvə ðeə]

   - ārā
   - outside [aʊt'said]

   - nesmēķētāju pusē
   - in a non-smoking area
    [in ə 'nɒn'sməʊkiŋ 'eəriə]

   - pie loga
   - by the window [bai ðə 'windəʊ]

Biežāk uzdotie jautājumi un saņemtās atbildes

What's the name, please?
[wɒts ðə neim pli:z]
Uz kā vārda?

For how many people? [fɔ: hɒʊ 'meni pi:pl]
Cik cilvēkiem?

What time will you be arriving?
[wɒt taim wil ju: bi: ə'raiviŋ]
Cikos jūs ieradīsieties?

I'm sorry. We're very busy / full up.
[aim 'sɒri wiə veri bizi / ful ʌp]
Atvainojiet! Vietu nav.

We'll have a free table in ... minutes.
[wi:l hæv ə fri: teibl in 'minits]
Galdiņš atbrīvosies pēc ... minūtēm.

Come back in ... minutes.
[kɒm bæk in ... 'minits]
Atnāciet pēc ... minūtēm.

Is this table alright for you?
[iz ðis teibl ɔ:l'rait fɔ: ju:]
Vai šis galdiņš būs labs?

Ēdienkarte

hors d'oeuvres /   uzkodas
starters / appetizers
[ɔ:'dɜ:vr / 'stɑ:təz /
'æpitaizəz]

soups [su:ps]   zupas
salads ['sælədz]   salāti
fish and seafood   zivis un jūras produkti
[fiʃ ənd 'si:fu:d]
meat dishes [mi:t 'diʃəz]   gaļas ēdieni
poultry ['pəʊtri]   putnu gaļas ēdieni
vegetarian dishes   veģetārie ēdieni
[vedʒi'teəriən 'diʃiz]
side-dish ['saiddiʃ]   piedevas
vegetables ['vedʒətəblz]   dārzeņi
desserts / sweets   deserts
[di'zə:ts / swi:ts]
beverages / drinks   dzērieni
['bevəridʒiz / driŋks]

Piezīmes ēdienkartē

cold dishes   aukstās uzkodas
home-made   mājas-
today's special   dienas piedāvājums

service not included / at your discretion	dzeramnauda nav ierēķināta / pēc klienta ieskatiem
specialties of the house	firmas ēdieni
to be ordered in advance	jāpasūta iepriekš
VAT & service included	PVN un apkalpošana iekļauta cenā

Ēdienu gatavošanas veidi

baked [beikt]	cepts
barbecued / grilled ['bɑːbəkjuːd / 'grilt]	grilēts
boiled ['bɒilt]	vārīts
braised / stewed [breizd / stjuːd]	sautēts
deep-fried ['diːp 'fraid]	cepts lielā eļļas daudzumā
filled / stuffed [fild / stʌft]	pildīts
fried [fraid]	cepts
roasted ['rəʊstid]	sacepts

Uzkodas
Starters ['stɑːtəz]

avocado with prawns [,ævə'kɑːdəʊ wið prɔːnz]	avokado ar garnelēm
corn-on-the-cob [,kɔːnənðə'kɒb]	vārītas kukurūzas vālītes

egg mayonnaise
[eg meiə'neiz]
olas majonēzē

fruit cocktail
augļu kokteilis

garlic mushrooms
['gɑ:lik 'mʌʃrʊmz]
sēnes ar ķiplokiem

liver pâté ['livə 'pætei]
aknu pastēte

melon ['melən]
melone

mussels ['mʌslz]
mīdijas

oysters ['ɔistəz]
austeres

pâté ['pætei]
pastēte ar grauzdiņiem
vai mazām bulciņām

potato skin [pə'teitəʊ skin]
kartupeļa mizā pildīts
krāsnī cepts kartupeļu
biezenis

rollmop herring
['rəʊlmɒp 'heriŋ]
siļķu veltnīši

prawn cocktail
[prɔ:n 'kɒkteil]
garneļu kokteilis

smoked salmon
[sməʊkt 'sæmən]
kūpināts lasis

whitebait ['waitbeit]
eļļā ceptas siļķes vai
šprotes, pasniedz karstas

Zupas
Soups [su:ps]

cock-a-leekie [ˌkɒkə'li:ki]
vistas un sīpolu biezeņzupa

consommé [kən'sɒmei]
buljons

beef c.	liellopu b.
chicken c.	vistas b.
chowder ['tʃaʊdə]	zivju zupa
cream of ... soup	... zupa ar krējumu
[kri:m əv su:p]	
asparagus [ə'spærəgəs]	sparģeļu
chicken ['tʃikin]	vistas
mushroom ['mʌʃrʊm]	sēņu
soup [su:p]	zupa
lentil s. ['lentil]	lēcu z.
onion s. ['ʌnjən]	sīpolu z.
oxtail s. ['ɒksteil]	vēršastu z.
pea [pi:]	zirņu z.
potato [pə'teitəʊ]	kartupeļu z.
vegetable ['vedʒətbl]	dārzeņu z.
Scotch broth ['skɒtʃbrɔ:θ]	biezeņzupa ar dārzeņiem un gaļu

Salāti
Salad ['sæləd]

cucumber s. ['kju:kʌmbə]	gurķu s.
green s. [gri:n]	zaļumu s.
mixed s. [mikst]	jauktie s.
sweetcorn s. ['swi:tkɔ:n]	kukurūzas s.
tomato s. [tə'mɑ:təʊ]	tomātu s.
coleslaw ['kəʊlslɔ:]	svaigu kāpostu, burkānu u.c. dārzeņu s. ar majonēzi

Zivis un jūras produkti
Fish and seafood [fiʃ ənd 'si:ˌfu:d]

anchovy ['æntʃəvi]	anšovs
bass [bæs]	asaris
clam [klæm]	molusks
cockle [kɒkl]	mīdija (*paveids*)
cod [kɒd]	menca
dried cod [draid kɒd]	kaltēta menca
crab [kræb]	krabis
crayfish ['kreifiʃ]	vēzis
eel [i:l]	zutis
flounder ['flaʊndə]	bute, plekste
haddock ['hædɒk]	pīkša
hake [heik]	heks
halibut ['hælibət]	paltuss, āte
herring ['heriŋ]	siļķe
lobster ['lɒbstə]	omārs
mackerel ['mækrəl]	makrele, skumbrija
monkfish ['mʌŋkfiʃ]	jūras velns
mussel ['mʌsl]	mīdija
mullet ['mʌlit]	kefals (*laša paveids*)
oyster ['ɔistə]	austere
perch [pə:tʃ]	asaris
pike [paik]	līdaka
plaice [pleis]	bute
prawn [prɔ:n]	krevete, garnele
rose-fish ['rəʊzfiʃ]	jūras asaris
salmon ['sæmən]	lasis

farmed s. [ˈfɑːmd]   audzēts l.
wild s. [waild]   savvaļas l.
sardine [sɑːˈdiːn]   sardīne
seafood platter   zivju asorti
    [ˈsiːfuːd ˈplætə]
scallop [ˈskɒləp]   jūras ķemmīte
shellfish [ˈʃelfiʃ]   molusks, vēžveidīgais
shrimp [ʃrimp]   krevete
sole [səʊl]   paltuss
spiny lobster   langusts
    [ˈspaini lɒbstə]
squid [skwid]   kalmārs
swordfish [ˈsɔːdfiʃ]   zobenzivs
trout [traut]   forele
tuna (fish) [ˈtjuːnə (fiʃ)]   tuncis
turbot [ˈtɜːbət]   āte
whiting [ˈwaitiŋ]   sudrabotais heks
angels on horseback   plānās cūkgaļas šķēlītēs
    [ˈeindʒəlz ɒn ˈhɔːsbæk]   ietītas austeres
grilled Dover sole   grilēts paltuss
    [grild ˈdɒvə səʊl]
Jellied eels [ˈdʒelid iːlz]   zutis želejā
kedgeree [ˌkedʒeˈriː]   rīsu, olu, zivs sacepums ar
    kariju

scampi and chips   rīvmaizē panētas lielā eļļas
    [ˈskæmpi ənd tʃips]   daudzumā ceptas krevetes
hangtown fry   omlete ar bekonu un
    [ˈhæŋtaʊn frai]   rīvmaizē panētām
    austerēm

Gaļas un putnu gaļas ēdieni

meat [mi:t]   gaļa
  beef [bi:f]   liellopu g.
  lamb [læm]   jēra g.
  mutton ['mʌtn]   aitas g.
  pork [pɔ:k]   cūkas g.
  rabbit ['ræbit]   truša g.
  veal [vi:]   teļa g.
  venison ['venizn]   brieža g.
  wild boar [waild bɔ:]   mežacūkas g.
poultry ['pəʊltri]   putnu gaļa
  chicken [tʃikn]   vistas g.
  breast [brest]   krūtiņa
  drumstick   stilbiņš
    ['drʌmstik]
  duck [dʌk]   pīles g.
  goose [gu:s]   zoss g.
  grouse [graʊs]   rubeņa g.
    black g. [blæk graʊs]   tetera g.
    hazel g. [heizl graʊs]   meža irbes g.
    white g. [wait graʊs]   lauku irbes g.
    wood g. [wʊd graʊs]   medņa g.
  guinea-fowl   pērļu vistiņas g.
    ['ginifaʊl]
  partridge ['pɑ:tridʒ]   irbes g.
  pheasant ['feznt]   fazāna g.
  quail [kweil]   paipalas g.
  turkey ['tɜ:ki]   tītara g.

beef Wellington	cepta liellopu fileja,
[bi:f ˈweliŋton]	putnu aknu sacepums
	un šampinjonu biezenis
chop / cutlet	karbonāde, sitenis
[tʃɒp / ˈkʌtlit]	
escalope / scallop	eskalops
[ˈeskəlɒp / ˈskæləp]	
fillet [ˈfilit]	fileja
gammon steak	steiks no šķiņķa
[ˈgæmən steik]	
hash / ragout	ragū
[hæʃ / ræguː]	
liver [ˈlivə]	aknas
meat balls [miːt bɔːlz]	frikadeles
mince [mins]	malta gaļa
mixed grill [mikst gril]	grila asorti
porterhouse [ˈpɔːtəhaʊs]	bifšteks
pot roast [pɒt rəʊst]	sautēta gaļa
sirloin steak	steiks no filejas
[ˈsɜːlɔin steik]	
tongue [tʌŋ]	mēle

Lielbritānijā iecienīti gaļas ēdieni

haggis [ˈhægis]	malta jēra gaļa ar
	pildījumu, jēra spēķes
Irish stew [ˈairiʃ stjuː]	īru ragū (aitas gaļa,
	kartupeļi, sīpoli)

Lancashire hot-pot
['leŋkəʃiə 'hɒt'pɒt]

ragū no jēra gaļas, kartupeļiem, sīpoliem un liellopu gaļas buljona

pork pie [pɔːk pai]
speķa pīrāgs

roast beef [rəʊst biːf]
liellopu gaļas sacepums, rostbifs

roast duckling and orange [rəʊst dʌkliŋ ənd 'ɒrindʒ]
cepta pīle ar apelsīniem

roast leg of lamb with mint sauce [rəʊst leg əv læm wið mint sɔːs]
jēra gaļas sacepums ar piparmētru mērci

Scottish game pie ['skɒtiʃ geim pai]
medījuma pastēte ar sarkanvīnu un rumu

shepherd's pie ['ʃepədz pai]
maltās gaļas, kartupeļu biezeņa un rīvētu sīpolu sacepums

steak and kidney pie [steik ənd 'kidni pai]
kārtainā mīklā iecepta liellopu gaļas pastēte ar nierēm

turkey and ham ['təːki ənd hæm]
ar šķiņķi pildīta tītara fileja

veal and ham pie [viːl ənd hæm pai]
teļa gaļas un šķiņķa pastēte

Welsh roast lamb [welʃ rəʊst læm]
sidrā vārīts jēra stilbs

Yorkshire pudding ['jɔːkʃə 'pʊdiŋ]
Jorkšīras pudiņš

---

baked ham [beikt hæm] medū vai kļavu sīrupā cepts bekons

fried chicken [fraid 'tʃikin] ar speķi un saldo krējumu sacepta vistas gaļa

New England boiled dinner ar dārzeņiem sacepta [nju: 'iŋglənd bɔild 'dinə] liellopa gaļa

pan-fried steak steiks ar sēnēm un saldo ['pænfraid steik] krējumu

red flannel hash cepts liellopa lāpstiņas [red flænl hæʃ] gabals, ko pasniedz ar bietēm, kartupeļiem un ceptiem sīpoliem

pot roast [pɒt rəʊst] ar melnajām plūmēm, olīvām, sīpoliem un sēnēm sautēta gaļa podiņā

roast turkey [rəʊst 'tɜ:ki] cepts tītars

turkey and ham ar šķiņķi pildīta tītara fileja ['tɜ:ki ənd hæm]

veal and ham pie teļa gaļas un šķiņķa pastēte [vi:l ənd hæm pai]

Dārzeņi
Vegetables ['vedʒətəblz]

artichoke ['ɑ:tiʃəʊk] artišoks

asparagus [ə'spærəgəs] sparģelis

beans [bi:nz]	pupiņas
baked [beikt]	baltās pupiņas (*tomātu mērcē – Lielbr., ar sālītu cūkgaļu – ASV*)
broad / fava [brɔ:d / 'fʌvə]	pupas
butter ['bʌtə]	sviesta pupiņas
haricot ['hærikəʊ]	parastās pupiņas
kidney ['kidni]	sarkanās pupiņas
French / green [frentʃ / gri:n]	zaļās pākšu pupiņas
beetroot ['bi:tru:t]	biete
Brussels sprout ['brʌsəlz spraʊt]	Briseles kāposts
cabbage ['kæbidʒ]	(galviņ)kāposti
green c. [gri:n]	zaļie k.
red c. [red]	sarkanie k.
white c. [wait]	baltie k.
carrot ['kærət]	burkāns
cauliflower ['kɒliflaʊə]	ziedkāposts
celery ['seləri]	selerija
chicory ['tʃikəri]	cigoriņš
corn-on-the-cob [kɔ:nənðəkɒb]	kukurūzas vālīte
courgette / zucchini [kʊə'ʒet / zu'ki:ni]	cukīni (kabacis)
cress [kres]	kressalāti
cucumber ['kju:kəmbə]	gurķis
fennel ['fenl]	fenhelis

leek [li:k]	puravs
lentil ['lentil]	lēca
marrow ['mærəu]	kabacis
mushroom ['mʌʃrʊm]	sēne
olive ['ɒliv]	olīva
onion ['ʌnjən]	sīpols
parsnip ['pɑ:snip]	pastinaks
peas [pi:z]	zirņi
pepper ['pepə]	pipars
pumpkin ['pʌmpkin]	ķirbis
radish ['rædiʃ]	redīss
salad ['sæləd]	salāti
savoy [sə'vɔi]	savojas kāposti
spinach ['spinidʒ]	spināti
tomato [tə'mɑ:təu]	tomāts

Piedevas
Side-dishes ['said diʃiz]

Frennch fries [frentʃ fraiz]	frī kartupeļi
croquettes ['krəukeis]	kroketes
rice [rais]	rīsi
noodles ['nu:dlz]	makaroni
pasta ['pæstə]	pasta (makaroni)
potatoes [pə'teitəuz]	kartupeļi
p. au gratin [ɔ: 'grætæŋ]	apcepti kartupeļu tefteļi
baked p. [beikt]	cepti k.
boiled p. [bɔild]	vārīti k.

fried p. [fraid]	eļļā cepti k.
mashed p. ['mæʃt]	k. biezenis
sautéed p. ['səʊteid]	sviestā cepti k.

Garšvielas u.c. piedevas
Spices, seasoning ['spaisiz 'si:zəniŋ]

butter ['bʌtə]	sviests
dressing [dresiŋ]	mērce
garlic ['ga:lik]	ķiploks
herbs [hɜ:bz]	zaļumi
paprika ['pæprikə]	paprika (saldie pipari)
horseradish ['hɔ:s‚rædiʃ]	mārrutks
ketchup ['ketʃəp]	kečups
mustard ['mʌstəd]	sinepes
pepper ['pepə]	pipari
solt [sɒlt]	sāls
sugar [ʃʊgə]	cukurs
(artifical) sweetener	(mākslīgais) saldinātājs
[(‚a:ti'fiʃəl) 'swi:tənə]	

Deserts un saldumi
Dessert and sweets [di'zɜ:t ənd swi:ts]

apple (rhubarb) crumble	ar biezu krēmu pārklāta
['æpl ('ru:ba:b) 'krʌmbl]	augļu kūka
apple pie ['æpl pai]	karsta šarlote

apple tart [ˈæpl tɑːt]   šarlote

apple turnover   ābolu pīrādziņi
  [ˈæpl ˈtɜːnəʊvə]

bakewell tart   torte ar aprikožu džemu
  [ˈbeikwəl tɑːt]

Black Forest gateau   švarcvaldes ķiršu torte
  [blæk fɒrəst ˈgætəʊ]

bread-and-butter pudding   maizes suflē ar rozīnēm
  [ˌbredənˈbʌtə ˈpudiŋ]

bun [bʌn]   bulciņa

cake [keik]   kūka

cheese cake [tʃiːz keik]   biezpienmaize

cherry cake [ˈtʃeri keik]   ķiršu kūka

chocolate gateau   šokolādes torte
  [ˈtʃɒklit ˈgætəʊ]

chocolate [ˈtʃɒklit]   šokolāde

cream [kriːm]   putukrējums

  c. bun [bʌn]   smalkmaizīte ar
               putukrējumu

  c. cake / gateau /
  sponge [keik / ˈgætəʊ /   kūka ar krēmu
    spɒndʒ]

  c. puff [pʌf]   kūka ar vārīto krēmu

  c. slice [slais]   kūka ar krēmu

  c. tartlet [ˈtɑːtlit]   tartalete

custard [ˈkʌstəd]   olu krēms

crumble [ˈkrʌmbl]   suflē

Danish pastry   kūka ar rozīnēm
  [ˈdeiniʃ ˈpeistri]

death by chocolate ['deθ bai 'tʃɒklit]	tumšās šokolādes kūka
doughnut ['dəʊnʌt]	virtulis
éclair [i'kleə]	eklērs
fruit cake [fruːt keik]	augļu kūka
fruit flan [fruːt flæn]	augļu torte
fudge cake [fʌdʒ keik]	karameļu torte
hot cross bun [hɒt krɒs bʌn]	bulciņa ar žāvētiem augļiem (*tradicionāli ēdama Lielajā piektdienā*)
jam roll [dʒæm rəʊl]	rulete ar džema pildījumu
jam tart [dʒæm tɑːt]	torte ar džemu
lemon meringue ['lemən mə'rʌŋ]	citronu bezē
macaroon [ˌmækə'ruːn]	mandeļu cepumi
madeira cake [mə'diərə keik]	smilšu cepumi
meringue [mə'rʌŋ]	bezē, kraukšķīgs sacepts olu baltums ar cukuru
porter cake ['pɔːtə keik]	kūka ar rozīnēm
scone [skəʊn]	tējas cepums, plācenis
shortbread ['ʃɔːtbred]	smilšu cepums
spotted dick ['spɒtid dik]	pudiņš ar rozīnēm un putukrējumu vai vārīto krēmu
Swiss roll [swis rəʊl]	biskvīts ar ievārījumu
syllabub ['siləbʌb]	putukrējums ar vīna piedevu
tipsy cake ['tipsi keik]	alkoholu saturošs biskvīts ar augļiem

toasted tea cake ['təʊstəd ti: keik]	smalkmaizes grauzdiņš
trifle [traifl]	biskvīts ar putukrējumu un augļiem
waffle ['wɒfl]	vafele

Augļi
Fruits [fru:ta]

apple ['æpl]	ābols
apricot ['eiprikɒt]	aprikoze
banana [bə'nɑ:nə]	banāns
blackberry ['blækbəri]	kazene
blackcurrant ['blæk'kʌrənt]	upene
blueberry ['blu:bəri]	mellene
cherry ['tʃeri]	ķirsis
damson ['dæmzən]	melnplūme
gooseberry ['gʊzbəri]	ērkšķoga
grape [greip]	vīnoga
grapefruit ['greipfru:t]	greipfrūts
honeydew (melon) ['hʌnidju: ('melən)]	muskatmelone
lemon ['lemən]	citrons
mandarin orange ['mændərin 'ɒrindʒ]	mandarīns
orange ['ɒrindʒ]	apelsīns
peach [pi:tʃ]	persiks
pear [peə]	bumbieris

pineapple [ˈpainæpl]	ananass
plum [plʌm]	plūme
raspberry [ˈrɑːzbəri]	avene
redcurrant [redˈkʌrənt]	jāņoga
rhubarb [ˈruːbɑːb]	rabarbers
strawberry [ˈstrɔːbəri]	zemene
tangerine [ˌtændʒəˈriːn]	mandarīns
watermelon	arbūzs
[ˈwɔːtəmelən]	

Saldējums
ice-cream [ˈaisˌkriːm]

apricot i.-c. [ˈeiprikɒt]	aprikožu s.
blueberry i.-c. [ˈbluːbəri]	melleņu s.
chocolate i.-c. [ˈtʃɒklit]	šokolādes s.
lemon i.-c. [ˈlemən]	citronu s.
pistachio i.-c. [piˈstɑːʃiəʊ]	pistāciju s.
raspberry i.-c. [ˈrɑːzbəri]	aveņu s.
strawberry i.-c. [ˈstrɔːbəri]	zemeņu s.
vanilla i.-c. [vəˈnilə]	vaniļas s.
walnut i.-c. [ˈwɔːlnʌt]	valriekstu s.
tub [tʌb]	saldējums glāzītē
ice-lolly [ais ˈlɒli]	saldējums uz kociņa
small / large ice-cream	mazā / lielā saldējuma
[smɔːl / lɑːdʒ ais ˈkriːm]	porcija

Dzērieni

Karstie dzērieni
Hot drinks [hɒt driŋks]

cocoa ['kəʊkəʊ]	kakao
coffee ['kɒfi]	kafija
white c. [wait]	k. ar pienu
c. with cream [wið kri:m]	k. ar krējumu
black c.	melna k.
decaf ['di:kæf]	k. bez kofeīna
Irish c. ['airiʃ]	īru k. (ar viskiju, cukuru, putukrējumu)
hot chocolate [hɒt 'tʃɒkəlit]	karsta šokolāde
hot milk [hɒt milk]	karsts piens

tea [ti:]   tēja
   t. with lemon   t. ar citronu
    [wið ˈlemən]
   t. with milk [wið milk]   t. ar pienu
   herb(al) t. [ˈhə:b(əl)]   zāļu t.
   fruit t. [ˈfru:t]   augļu t.

Atspirdzinošie
dzērieni
Refreshing drinks [rəˈfreʃiŋ driŋks]

(coca)cola / coke   kokakola / kola
   [(ˈkɒkə)ˈkɒlə / ˈkəʊk]
egg cream [eg kri:m]   gāzēts piena un sīrupa
                            dzēriens
ice(d) tea [ais(t) ti:]   ledus tēja
fizzy / carbonated drink   gāzēts dzēriens
   [ˈfizi / ˈkɑ:bəneitid driŋk]
ginger ale [ˈdʒindʒə eil]   ingveralus
juice [dʒu:s]   sula
   apple j. [ˈæpl]   ābolu s.
   grape j. [greip]   vīnogu s.
   grapefruit j. [ˈgreipfru:t]   greipfrūtu s.
   orange j. [ˈɒrindʒ]   apelsīnu s.
   tomato j. [təˈmɑ:təʊ]   tomātu s.
   lime [laim]   laima s.
lemonade [ˌleməˈneid]   limonāde
milk shake [milk ʃeik]   piena kokteilis

strawberry m. s.   zemeņu kokteilis
['strɔ:bəri]

(mineral)water   (minerāl)ūdens
[(ˈminərəl)ˈwɒtə]

  still m. w. [stil]   negāzēts m.

  sparkling m. w.   gāzēts m.
   ['spɑ:kliŋ]

orange squash   apelsīnu dzēriens
['ɒrindʒ skwɒʃ]

pop [pɒp]   gāzēts dzēriens

root beer [ru:t biə]   bezalkoholisks dzēriens no
                           dažu augu saknēm un
                           mizām

slush puppie [slʌʃ ˈpʌpi]   dzēriens ar ledu

soda(water)   gāzēts ūdens / dzēriens
   ['səʊdə(ˈwɔ:tə)]

tonic(water) [ˈtɒnik ˈwɔ:tə]   toniks

A l u s
Beer [biə]

ale [eil]   alus

  pale a. [peil]   gaišais a.

  mild a. [maild]   vieglais a.

  brown a. [braʊn]   pustumšais a.

barley wine [ˈbɑ:li wain]   stiprais alus

non-alcoholic beer   bezalkoholiskais alus
   [ˈnɒnælkəˈhɒlik biə]

bitter [ˈbitə]	rūgtais pustumšais alus
draught beer [drɑːft biə]	izlejamais (mucu) alus
lager [lɑːgə]	gaišais alus
porter [ˈpɔːtə]	tumšais alus
stout [staʊt]	tumšais alus

Vīns
Wine [wain]

Wine	vīns
red w. [red]	sarkanvīns
white w. [wait]	baltvīns
table w. [teibl]	galda v.
dry w. [drai]	sausais v.
house w. [haʊs]	mājas v.
mulled w. [mʌld]	uzsildīts v.
hot w. [hɒt]	karstvīns
Moselle [məʊˈzel]	Mozeles v.
muscatel [ˌmʌskəˈtel]	muskatvīns
sparkling [ˈspɑːkliŋ]	gāzētais v. (šampanietis)
mellow [ˈmeləʊ]	saldais (sarkanais); izturēts v.
sweet [swiːt]	saldais (baltais) v.
semi-dry [ˈsemiˌdrai]	pussausais
dry [drai]	sausais
champagne [ʃæmˈpein]	šampanietis
cider [ˈsaidə]	sidrs
port [pɔːt]	portvīns

Kokteiļi
Cocktails [ˈkɒkteils]

Bloody Mary [ˈblʌdi ˈmeəri]
1) degvīns ar tomātu sulu;
2) degvīns, tomātu sula, laima sula un Vorčesteras mērce

Bourbon and ginger ale [ˈbʊəbən ənd ˈdʒindʒə eil]
burbons un ingveralus

Brandy Alexander [ˈbrændi ˌæligˈzɑːndə]
brendijs, saldais krējums un kakao

Buck's Fizz [bʌks fiz]
šampanietis ar apelsīnu sulu

Bullshot [ˈbʊlʃɒt]
konservēta liellopu gaļa, citronu sula un degvīns

Daiguiri [deiˈguːri]
rums, laima sula un pūdercukurs

Gin and It [dʒin ənd it]
1) džins un itāliešu vermuts; 2) džins un martini

Gin and Lime (Lime Cordial) [dʒin ənd laim (laim ˈkɔːdiəl)]
džins un laima sīrups

Gin and Tonic [dʒin ənd ˈtɒnik]
džins, toniks un ledus

Gin / Vodka and Martini [dʒin /ˈvɒdkə ənd mɑːˈtiːni]
džins / degvīns un sausais vermuts ar citrona miziņu vai nelielu marinētu sīpolu

Manhattan [mænˈhætən]
viskijs un sausais vai baltais vermuts

Mint Julep [mint 'dʒu:ləp]   burbons, piparmētras, pūdercukurs un sodūdens

Old-fashioned ['əʊld‚fæʃənd]   burbons, ingveralus un pūdercukurs

Piña Colada ['pi:nə kə'lɑ:də]   baltais rums, laima sula, saldais krējums un kokospiens

Rob Roy [rɒb rɔi]   skotu viskijs un sausais vai saldais vermuts

Screwdriver ['skru:‚draivə]   degvīns un apelsīnu sula

Singapore Sling [‚siŋgə'pɔ: sliŋ]   džins, ķiršu uzlējums un laima sula

Tequila Sunrise [te'kilə 'sʌnraiz]   tekila, apelsīnu sula un granātābolu sīrups

Tom Collins [tɒm 'kɒlinz]   džins, laima sula un sodūdens

Stiprie alkoholiskie dzērieni

Bushmill ['bʊʃmil]   īru viskijs

Scotch [skɒtʃ]   skotu viskijs

  single [siŋgl]   mazā glāzīte

  double [dʌbl]   lielā glāze (dubultais viskijs)

brandy ['brændi]   brendijs

cognac ['kɒnjæk]   konjaks

vodka ['vɒdkə]   degvīns, vodka

liquer [li'kjʊə]	liķieris
tequila [tə'kilə]	tekila
poteen [pɒ'ti:n]	kandža (*Īrijā*)
moonshine ['mu:nʃain]	kandža (*ASV*)
whisky (skotu) / whiskey (īru, amerikāņu) ['wiski]	viskijs
w. neat / straight [ni:t / streit]	tīrs v.
w. on the rocks [ən ðə rɒks]	v. ar ledu
double w. [dʌbl]	dubultais v.

Pasūtīšana un apkalpošana

Oficiant!
Waiter! Waitress! ['weitə! 'weitris!]

Lūdzu, iedodiet ēdienkarti!
Could we have the menu, please?
[kʊd wi: hæv ði 'menju pli:z]

Ko jūs ieteiktu ...?
What do you recommend ...?
[wɒt dʊ ju: ˌrekə'mend]

   - no karstajām (aukstajām) uzkodām
   - for a hot (cold) appetizer
     [fɔ: ə hɒt (kɒld) 'æpitaizə]

- no zivju (gaļas) ēdieniem
- for a fish (meat) dish
  [fɔ: ə fiʃ (mi:t) diʃ]

- desertā
- for dessert [fɔ: di'zɜ:t]

Kādi ... jums ir?
What ... do you have? [wɒt ... dʊ ju: hæv]
- firmas ēdieni
- specialties ['speʃəltiz]

- dārzeņi
- vegetables ['vedʒətəblz]

- salāti
- salads ['sælədz]

- augļi
- fruits [fru:ts]

Sakiet, lūdzu, kas ir [tas] ...?
Could you tell me what ... is?
[kʊd ju: tel mi: wɒt ... iz]

No kā tas sastāv?
What's in it? [wɒts in it]

Kāds ... jums ir?
What kind of ... do you have?
[wɒt kaind əv ... dʊ ju: hæv]

    - alus
     - beer [biə]

    - vīns
     - wine [wain]

    - saldējums
     - ice-cream [ais kri:m]

Atnesiet, lūdzu, vīna karti.
Bring me the wine card, please.
[briŋ mi: ðə wain kɑ:d pli:z]

Es (mēs) vēlētos ... .
I (we) would like ... [ai (wi:) wʊd laik]

    - bifšteku
     - beefsteak ['bi:steik]

    - cūkgaļu
     - pork [pɔ:k]

Es vēlētos bifšteku ... .
I would like my steak... . [ai wʊd laik mai steik]

    - ar asinīm
     - rare [reə]

- vidēji izceptu
- medium rare [ˈmiːdjəm reə]

- labi izceptu
- well done [wel dʌn]

Lūdzu, atnesiet ... .
Please bring ... . [pliːz briŋ]
- pudeli šampanieša
- a bottle of champagne
[ə bɒtl əv ʃæmˈpein]

- pudeli sarkanvīna (baltvīna)
- a bottle of red (white) wine
[ə bɒtl əv red (wait) wain]

- viskiju
- whisky [ˈwiski]

- alu
- beer [biə]

- (minerāl)ūdeni
- (mineral) water [(ˈminərəl)ˈwɔːtə]

Es neēdu asus ēdienus.
I don't eat spicy food. [ai dəʊnt iːt ˈspaisi fʊːd]

Es ievēroju diētu.
I'm on a diet. [aim ɒn ə ˈdaiət]

Vai var šo apmainīt?
Could you replace this? [kʊd ju: riˈpleis ðis]

Es nedrīkstu ēst ... .
I mustn't eat food containing ... .
[ai mʌsnt i:t fu:d kənˈteiniŋ]
  - sāli / cukuru
  - salt / sugar [sɔ:lt / ˈʃʊgə]

Vai jums ir ēdieni / dzērieni diabētiķiem?
Have you got meals / drinks for diabetics?
[hæv ju: gɒt mi:lz / driŋks fɔ: ˌdaiəˈbetiks]

Vai jums ir veģetārie ēdieni?
Have you got vegetarian meals?
[hæv ju: gɒt ˌvedʒiˈteəriən mi:lz]

Vai ir iespējams dabūt bērnu porciju?
Is it possible to get a child portion?
[iz it ˈpɒsibl tə get ə ˈtʃaild ˈpɔ:ʃən]

Sūdzības

Man nav naža / dakšiņas / karotes.
I haven't got a knife / fork / spoon.
[ai hævnt gɒt ə naif / fɔ:k / spu:n]

Te noteikti ir kļūda.
There must be some mistake.
[ðeə mʌst bi: sʌm misˈteik]

Tas nav tas, ko es pasūtīju.
That's not what I ordered.
[ðæts nɒt wɒt ai ˈɔːdəd]

Es pasūtīju ... .
I asked for ... . [ai ɑːskt fɔː]

Es to nevaru ēst.
I can't eat it. [ai kɑːnt iːt it]

Gaļa ir ... .
The meat is ... . [ðə miːt iz]
  - **pārcepta**
  - overdone [ˈəʊvədʌn]

  - **neizcepta**
  - underdone [ˈʌndədʌn]

  - **pārāk cieta**
  - too tough [tuː tʌf]

Tas ir pārāk ... .
This is too ... . [ðis iz tuː]
  - **rūgts**
  - bitter [ˈbitə]

  - **salds**
  - sweet [swiːt]

- skābs
- sour ['saʊə]

Ēdiens ir auksts.
The food is cold. [ðə fu:d iz kəʊld]

Tas nav svaigs.
This isn't fresh. [ðis iznt freʃ]

Cik ilgi vēl jāgaida?
How much longer do we have to wait?
[haʊ mʌtʃ lɒŋə dʊ wi: hæv tə weit]

Mēs ilgāk nevaram gaidīt. Mēs aizejam.
We can't wait any longer. We're leaving.
[wi: kɑːnt weit 'eni 'lɒŋə wiə 'liːviŋ]

Rēķins

Lūdzu, rēķinu.
Bill, please. [bil pliːz]

Mēs gribētu maksāt atsevišķi.
We'd like to pay separately.
[wiːd laik tə pei 'sepritli]

Vai apkalpošana ir ieskaitīta rēķinā?
Is service included? [iz 'sɜːvis inˈkluːdid]

Vai var maksāt ar šo kredītkarti?
Can I pay with this credit card?
[kæn ai pei wið ðis 'kredit kɑːd]

Vai var saņemt čeku?
Could I have a receipt? [kʊd ai hæv ə ri'siːt]

Paturiet atlikumu.
Keep the change. [kiːp ðə tʃeindʒ]

Paldies. Bija ļoti garšīgi.
Thank you. That was a very good meal.
[θæŋk juː ðæt wɒz ə 'veri gʊd miːl]

Biežāk uzdotie jautājumi un saņemtās atbildes

Are you alright? [ɑː juː ɔːl 'rait]
Vai jūs jau apkalpoja?

Are you ready to order? [ɑː juː 'redi tə 'ɔːdə]
Vai esat gatavi pasūtīt?

What would you like? [wɒt wʊd juː laik]
Ko jūs vēlaties?

Would you like to order drinks first?
[wʊd juː laik tʊ 'ɔːdə driŋks fɜːst]
Vai vēlaties vispirms aperitīvu?

I recommend ... . [ai ˌrekəˈmend]
Es ieteiktu ... .

We haven't got ... . [wiː hævnt gɒt]
Mums nav ... .

That will take ... minutes.
[ðæt wil teik ... ˈminits]
Būs gatavs pēc ... minūtēm.

Enjoy your meal! [inˈdʒɔi jɔː miːl]
Labu apetīti!

IEPIRKŠANĀS

Vispārēja informācija

Uzraksti un rādītāji

SHOP (*LIELBR.*) /
STORE (*ASV*)

Veikals

OPEN

Atvērts

**OPENING
HOURS**

Darba laiks

DAILY 9–6

Strādājam katru
dienu no 9 līdz 18

**MONDAY
THROUGH
FRIDAY**

No pirmdienas līdz
piektdienai

**CLOSED SUNDAYS
& TUESDAYS
P.M.**

Slēgts svētdienās
un otrdienu
pēcpusdienās

SORRY NO DOGS

Atvainojiet, ieeja ar
suņiem aizliegta

DISCOUNT

Atlaide

SALE	**30 % OFF**
Izpārdošana	30 % atlaide

RETAIL	**WHOLESALE**
Mazumtirdzniecība	Vairumtirdzniecība

SPECIAL OFFER	**CLEARANCE SALE**
Īpašs piedāvājums	Izpārdošana

ALL PRICES REDUCED THIS WEEK	**WE HAVE MOVED TO 55 GREEN STREET**
Šonedēļ visas cenas pazeminātas	Esam pārcēlušies uz Green Street 55

WE CAN DELIVER YOUR GROCERIES	**WARRANTY**
Nopirktos produktus varam piegādāt mājās	Garantija

CUSTOMER SERVICE	**PLEASE PAY HERE**
Pircēju apkalpošana	Maksāt šeit

LEATHER DEPARTMENT

Ādas izstrādājumu
nodaļa

JEWELLERY DEPARTMENT

Juvelierizstrādājumu
nodaļa

MEN'S CLOTHES DEPARTMENT

Vīriešu apģērbu
nodaļa

WOMEN'S CLOTHES DEPARTMENT

Sieviešu apģērbu
nodaļa

SHOE DEPARTMENT

Apavu nodaļa

CHILDREN'S CLOTHES DEPARTMENT

Bērnu apģērbu
nodaļa

ELECTRICAL DEPARTMENT

Elektropreču
nodaļa

FURNITURE DEPARTMENT

Mēbeļu nodaļa

SPORTS DEPARTMENT

Sporta preču
nodaļa

STATIONERY DEPARTMENT

Kancelejas preču
nodaļa

BOOK DEPARTMENT

Grāmatu nodaļa

Ko kur iegādāties

Ko?	Kur?
ādas priekšmeti	
leather goods ['leðə gʊdz]	leatherwave shop ['leðəweə ʃɒp]
ārstnieciskie līdzekļi, zāles	
drugs, medicines [drʌgs, 'medsins]	chemist's / drugstore / pharmacy ['kemists / 'drʌgstɔ: / 'fɑːməsi]
alkohols	
hard drinks (*Lielbr.*) / liquor (*ASV*) [hɑːd driŋks / 'likə]	off-licence (*Lielbr.*) / liquor store (*ASV*) ['ɒflaisəns / 'likəstɔ:]
antikvāras lietas	
antiques [æn'tiːks]	antiques shop [æn'tiːks ʃɒp]
apavi	
shoes [ʃuːz]	shoe shop [ʃuː ʃɒp]
apǵērbs	
clothes [kləʊðz]	clothes shop, boutique (*moderno apǵērbu veikals*) [kləʊðz ʃɒp, buː'tiːk]
augļi un dārzeņi	
fruit and vegetables [fruːt ənd 'vedʒətəblz]	greengrocer's (*Lielbr.*) ['griːngrəʊsəz]

Ko?	Kur?
bakaleja, pārtikas preces	
groceries ['grəʊseriz]	grocery (store), grocer's ['grəʊsəri (stɔ:), 'grəʊsəz]
brilles un kontaktlēcas	
glasses and contact lenses ['glɑ:siz ənd 'kɒntækt 'lenziz]	optician's [ɒp'tiʃənz]
delikateses	
delicacies ['delikəsi:z]	delicatessen [ˌdelikə'tesn]
elektropreces, elektronika	
electrical appliances, electronics [i'lektrikl ə'plaiənsiz, ilek'troniks]	(shop for) electrical, electronic appliances [(ʃɒp fɔ:) i'lektrikəl ilek'tronik ə'plaiənsiz]
fotopreces	
cameras and accessories ['kæmərəz ənd ək'sesəriz]	chemist's / camera shop / [kemists 'kæmərə ʃɒp]
gaļa un gaļas izstrādājumi	
meat and meat products [mi:t ənd mi:t 'prodəkts]	butcher's ['bʊtʃəz]
grāmatas	
books [bʊks]	book shop [bʊk ʃɒp]

Ko?	Kur?
juvelierizstrādājumi	
jewellery ['dʒu:əlri]	jewellery shop ['dʒu:əlri ʃɒp]
kancelejas preces	
stationery ['steiʃənri]	stationery shop ['steiʃənri ʃɒp]
mūzikas ieraksti	
music records ['mju:zik 'rekəds]	record shop ['rekəd ʃɒp]
konditorejas izstrādājumi	
bread and cakes [bred ənd keiks]	bakery ['beikəri]
kosmētika	
cosmetics [kəz'metiks]	chemist's ['kemists]
mēbeles	
furniture ['fɜ:nitʃə]	furniture shop ['fɜ:nitʃə ʃɒp]
pastmarkas	
stamps [stæmps]	post office, souvenir shop [pəʊst 'ɒfis, su:vəniə ʃɒp]
prese	
newspapers ['nju:s,peipəz]	newsagent's ['nju:zeidʒ ənts]

Ko?	Kur?

pulksteņi
   clocks and watches
   [klɒks ənd ˈwɒtʃiz]
                       clockmaker's, watch-
                       maker's [ˈklɒkmeikəz,
                       ˈwɒtʃmeikəz]

rotaļlietas
   toys [tɔiz]
                       toy shop [tɔi ʃɒp]

saimniecības preces
   household goods
   [ˈhaʊshəʊld gʊdz]
                       hardware shop
                       [ˈhɑːdweə ʃɒp]

saldumi
   sweets [swiːts]
                       sweet shop [swiːt ʃɒp]

sporta preces
   sports equipment
   [spɔːts iˈkwipmənt]
                       sports shop [spɔːts ʃɒp]

stikls un porcelāns
   glassware and china
   [ˈglɑːsweə ənd ˈtʃainə]
                       china shop [ˈtʃainə ʃɒp]

suvenīri
   gifts [gifts]
                       gift shop [gift ʃɒp]

tabakas izstrādājumi
   tobacco [təˈbækəʊ]
                       tobacconist's
                       [təˈbækənists]

Ko?	Kur?

rokdarbi
 arts and craft
 [ɑ:ts ənd krɑ:ft]

craft shop [krɑ:ft ʃɒp]

transporta biļetes
 tickets ['tikits]

booking office ['bʊkiŋ 'ɒfis]

velosipēdi un to rezerves daļas
 bicycles and spare parts
 ['baisiklz ənd speə pɑ:ts]

bicycle shop ['baisikl ʃɒp]

ziedi
 flowers ['flaʊəz]

florist's ['flɒrists]

zivis un jūras produkti
 fish and seafood
 [fiʃ ənd 'si:fu:d]

fishmonger's ['fiʃmʌŋgəz]

Kur atrodas ...?
Where is the ...? [weə iz ðə ...]
 - universālveikals
 - department store [di'pɑ:tmənt stɔ:]

 - grāmatu veikals
 - book shop [bʊk ʃɒp]

- pārtikas veikals
- grocery ['grəʊsəri]

- konditorejas preču veikals
- candy shop ['kændi ʃɒp]

Kad veikalu atver / slēdz?
What time do you open / close the shop?
[wɒt taim dʊ ju: 'əʊpən / kləʊz ðə ʃɒp]

Vai te ir ... nodaļa?
Is there a ... department?
[iz ðeə ə ... di'pɑ:tmənt]
    - vīriešu / sieviešu / bērnu apģērbu
    - men's / women's / children's clothing
    [menz / 'wiminz / 'tʃildrənz 'kləʊðiŋ]

    - rotaļlietu
    - toy [tɔi]

    - parfimērijas preču
    - perfumes [pə'fju:mz]

Kur es varu nopirkt ...?
Where can I buy ...? [weə kæn ai bai]

Veikalā

Vispārēji jautājumi

VĀRDNĪCA: iepirkšanās

Materiāls
Material [mə'tiəriəl]

āda	leather ['leðə]
koks	wood / timber [wʊd / 'timbə]
metāls	metal ['metl]
plastmasa	plastic ['plæstik]
porcelāns	porcelain / china ['pɔ:səlin / 'tʃainə]
stikls	glass [glɑ:s]

Forma
Shape [ʃeip]

apaļš	round [raʊnd]
kvadrātisks	square [skweə]
ovāls	oval ['əʊvl]
šķautņains	angular ['æŋgjʊlə]

Audums
Fabric ['fæbrik]

džinsa audums	denim ['dənim]
katūns	cotton ['kɒtn]
kokvilna	cotton [kɒtn]

---

lins	linen ['linin]
mežģīne	lace [leis]
samts	velvet ['velvit]
trikotāžas audums	knitted fabric ['nitid 'fæbrik]
vilna	wool [wu:l]
vistra	staple fabric [steipl 'fæbrik]

Krāsa
Colour ['kʌlə]

bēšs	beige [beiʒ]
balts	white [wait]
bronzas	bronze [brɒnz]
zils	blue [blu:]
dzeltens	yellow ['jeləʊ]
zaļš	green [gri:n]
zelta	golden ['gəʊldən]
brūns	brown ['braʊn]
sarkans	red [red]
violets	lilac / violet ['lailək / 'vaiəlit]
aveņsarkans	raspberry ['rɑ:zbəri]
vienkrāsas	plain [plein]
oranžs	orange ['ɒrindʒ]
purpursarkans	purple [pɜ:pl]
rozā	pink [piŋk]
gaišs	light [lait]
gaiši brūns	light brown [lait braʊn]
sudraba	silvery ['silvəri]
pelēks	grey [grei]
zils	blue [blu:]

tumši zils	navy blue [ˈneivi bluː]
tumšs	dark [dɑːk]
violets	violet [ˈvaiəlit]
melns	black [blæk]
gaišākas nokrāsas	a lighter shade [ə ˈlaitə ʃeid]
tumšākas nokrāsas	darker shade [ə ˈdɑːkə ʃeid]
daudzkrāsains (raibs)	colourful [kʌləfʊl]

Auduma zīmējums
Pattern [ˈpætən]

raibs	colourful [ˈkʌləfʊl]
vienkrāsas	plain [plein]
ar ziediem	flowered [ˈflaʊəd]
punktots	spotted [ˈspɒtid]
svītrains	striped [ˈstraipt]
rūtains	checked [tʃekt]

Apģērba daļas
Elements of clothing
[ˈeləmənts əv ˈkləʊðiŋ]

dekoltē	décolletage / décolleté / low neckline [ˌdeikɔlˈtɑːʒ / deiˈkɒltei / ləʊ ˈneklain]
ieloce	pleat [pliːt]
kapuce	hood [hʊd]
lence	strap [stræp]
odere	lining [ˈlainiŋ]
piedurkne	sleeve [sliːv]

ar īsām piedurknēm	short-sleeved [ˈʃɔːtsliːvd]
ar garām piedurknēm	long-sleeved [ˈlɒŋsliːvd]
poga	button [ˈbʌtn]
rāvējslēdzējs	zipper [ˈzipə]

Vai jūs man neparādītu ...?
Could you show me ... [kʊd juː ʃəʊ miː]

- šo / to
- this / that one [ðis / ðæt wʌn]

- šos / tos
- these / those [ðiːz / ðəʊz]

- to, kas atrodas vitrīnā
- the one in the window
  [ðə wʌn in ðə ˈwindəʊ]

- kaut ko citu
- some others [sʌm ˈʌðəz]

Es gribētu nopirkt ... .
I would like to buy ... . [ai wʊd laik tə bai]

Man vajag ... .
I need ... . [ai niːd]

Es meklēju ... .
I'm looking for ... . [aim ˈlʊkiŋ fɔː]

Vai jums ir ... ?
Do you have ...? [dʊ ju: hæv]

Lūdzu, parādiet man ... .
Please show me ... . [pli:z ʃəʊ mi:]

Lūdzu, pasniedziet man ... .
Please give me ... . [pli:z giv mi:]

Vai jūs man nepalīdzētu?
Can you help me? [kæn ju: help mi:]

Es tikai skatos.
I'm just browsing. [aim dʒʌst brəʊziŋ]

Tas īsti nav tas, ko es vēlos.
This is not quite what I want. [ðis iz nɒt kwait wɒt ai wɒnt]

Es negribu neko pārāk dārgu.
I don't want anything too expensive.
[ai dəʊnt wɒnt 'ɑniθiŋ tu: iks'pensiv]

Lūdzu, parādiet man kaut ko ... .
Please show me something ... .
[pli:z ʃəʊ mi: 'sʌmθiŋ]
   - ne tik dārgu
   - less expensive [les iks'pensiv]

- labāku
- better ['betə]

- cita stila
- in a different style [in ə 'difrənt stail]

- citas krāsas
- in a different colour [in ə 'difrənt 'kʌlə]

- ar citu zīmējumu / piegriezumu
- with another design [wið ə'nʌðə di'zain]

No kāda materiāla tas izgatavots?
What material is it? [wɒt mə'tiəriəl iz it]

Cik tas maksā?
How much is it? [haʊ mʌtʃ iz it]

Apģērbi un audumi

Sieviešu apģērbu izmēri

blūzes, džemperi

ASV	32	34	36	38	40	42	44
Lielbr.	34	36	38	40	42	44	46
Eiropa	40	42	44	46	48	50	52

mēteļi, kleitas

ASV	8	10	12	14	16	18	20
Lielbr.	30	32	34	36	38	40	42
Eiropa	36	38	40	42	44	46	48

zeķes un zeķbikses

ASV un Lielbr.	8	8,5	9	9,5	10	10,5
Eiropa	0	1	2	3	4	5

Vīriešu apģērbu izmēri

krekli

ASV un Lielbr.	14	14,5	15	15,5	16	16,5	17
Eiropa	36	37	38	39	41	42	43

uzvalki, mēteļi

ASV un Lielbr.	34	36	38	40	42	44	46	48
Eiropa	44	46	48	50	52	54	56	58

zeķes

ASV un Lielbr.	9,5	10	10,5	11	11,5	12	12,5
Eiropa	39	40	41	42	43	44	45

VĀRDNĪCA: apģērbi

ādas žakete	leather jacket ['leðə 'dʒækit]
adīti apģērbi	knitted garments ['nitid 'gɑ:mənts]
apakšbikses	briefs / pants (*Lielbr.*) / shorts (*ASV*) / underpants (*ASV*) [bri:fs / pænts / ʃɔ:ts / ˌʌndə'pænts]
apakšsvārki	slip [slip]
bikses	trousers (*Lielbr.*) / pants, slacks (*ASV*) ['traʊzəz / pænts, slæks]
bikšusvārki	culottes [kʊ'lɒts]
blūze	blouse ['blaʊz]
cepure	hat / cap [hæt / kæp]
cimdi	gloves [glʌvz]
darba kombinezons	overalls ['əʊvərɔlz]
džemperis	pullover / sweater ['pʊləʊvə / 'swetə]
džinsi	jeans / denims [dʒi:nz / 'dənimz]
džinsu kostīms	denim suit ['dənim sju:t]
džinsu veste	denim waistcoat ['dənim 'weistkəʊt]

fraka	tailcoat / tails, evening dress ['teilkəʊt / teilz, 'i:vnɪŋ dres]
ikdienas apģērbs	casual dress ['kæʒjʊəl dres]
josta	belt [belt]
kaklasaite	tie [tai]
kažoks	fur coat [fə: kəʊt]
kleita	dress [dres]
krekls	shirt [ʃɜ:t]
krekls ar īsām piedurknēm	short-sleeved shirt ['ʃɔ:tsli:vd ʃɜ:t]
krūšturis	bra [brɑ:]
lietusmētelis	raincoat / mackintosh ['reinkəʊt / 'mækintɔʃ]
mētelis	overcoat / coat ['əʊvəkəʊt / kəʊt]
naktskrekls	nightgown / nightdress ['naitgaʊn / 'naitdrəs]
peldbikses	trunks [trʌŋks]
peldkostīms	swimsuit ['swimsu:t]
peldmētelis	bathrobe ['bɑ:θrəʊb]
pidžama	pajamas (*ASV*) / pyjamas (*Lielbr.*) [pə'dʒɑ:məz / pə'dʒɑ:məz]
pulovers	pullover ['pʊləʊvə]
rītakleita	housecoat ['haʊskəʊt]
sporta kombinezons	jumpsuit ['dʒʌmpsu:t]
svārki	skirt [skɜ:t]
šorti	shorts [ʃɔ:ts]
tauriņš	bow tie [bəʊ tai]
T krekls	T-shirt ['ti:ʃɜ:t]

trenin̦tērpa bikses	tracksuit trousers ['træksu:t 'traʊzəz]
trenin̦tērpa jaka	tracksuit sweat shirt ['træksu:t 'swetʃɜ:t]
trenin̦tērps	tracksuit ['træksu:t]
trikotāžas bikses	tights [taits]
trikotāžas izstrādājumi	knitwear ['nitweə]
uzvalks	suit [su:t]
vējjaka	jacket ['dʒækit]
vel̦a *(sieviešu)*	slip [slip]
veste	waistcoat / vest ['weistkəʊt vest]
zek̦bikses	pantyhose *(ASV)* / tights *(Lielbr.)* ['pæntihəʊz / taits]
zek̦es	socks [sɒks]
žakete	jacket ['dʒækit]

Uzlaikošana

Vai es drīkstu šo uzlaikot?
May I try it on? [mei ai trai it ɒn]

Kur atrodas laikošanas kabīne?
Where is the fitting room? [weə iz ðə 'fitiŋ ru:m]

Kāds izmērs tas ir?
What size is it? [wɒt saiz iz it]

Lūdzu, pasniedziet man lielāka / vidēja / mazāka izmēra džemperi.
Please give me a sweater of larger / medium / smaller size. [pli:z giv mi: ə 'swetə əv lɑ:dʒə / mi:djəm / smɔ:lə saiz]

Tas ir pārāk ... .
This is too ... . [ðis iz tu:]
   - garš
   - long [lɒ:ŋ]

   - īss
   - short [ʃɔ:t]

   - plats
   - full [ful]

   - šaurs
   - tight [tait]

   - liels
   - big [big]

   - mazs
   - small [smɔ:l]

Vai šis ir ... uzvalks / kleita?
Is this a ... suit / dress? [iz ðis ə ... su:t / dres]
   - kokvilnas
   - cotton [kɒtn]

- vilnas
- wool [wu:l]

- zīda
- silk [silk]

Man tas nepatīk.
I don't like it. [ai dəʊnt laik it]

Tas ir pārāk dārgi.
That's too expensive. [ðæts tu: iks'pensiv]

Es padomāšu.
I'll think about it. [ail θiŋk ə'baʊt it]

Vai jūs dosiet atlaidi?
Will you give a discount?
[wil ju: giv ə dis'kaʊnt]

Es to ņemu / neņemu.
I will / will not take that. [ai wil / wil nɒt teik ðæt]

Pie kases

Kur ir kase?
Where do I pay? / Where is the check-out?
[weə dʊ ai pei / weə iz ðə 'tʃekaʊt]

Lūdzu, iesaiņojiet kā dāvanu.
Could you wrap it as a gift please?
[kʊd ju: ræp it əz ə gift pli:z]

Iesaiņojiet visu kopā / atsevišķi.
Wrap everything together / separately.
[ræp 'evriθiŋ tə'geðə / 'sepritli]

Cik tas maksā?
How much is that? [haʊ mʌtʃ iz ðæt]

Lūdzu, uzrakstiet.
Could you write it down, please?
[kʊd ju: rait it daʊn pli:z]

Es maksāšu ... .
I'll pay ... . [ail pei]
  - skaidrā naudā
  - in cash [in kæʃ]

  - ar kredītkarti
  - by credit card [bai 'kredit kɑ:d]

Atvainojiet, man nepietiek naudas.
I'm sorry, I haven't got enough money.
[aim 'sɒri ai hævnt gɒt i'nʌf 'mʌni]

Biežāk uzdotie jautājumi un saņemtās atbildes

Can I help you? [kæn ai help juː]
Vai varu palīdzēt?

What can I do for you? [wɒt kæn ai duː fɔː juː]
Kā varu palīdzēt?

What would you like? [wɒt wʊd juː laik]
Ko jūs vēlaties?

Are you being served? [aː juː 'biːiŋ sɜːvd]
Vai jūs apkalpoja?

What sort of ... would you like?
[wɒt sɔːt əv ... wʊd juː laik]
Kāda veida ... jūs vēlaties?

What size are you? [wɒt saiz aː juː]
Kāds ir jūsu izmērs?

I'll check that for you. [ail tʃek ðæt fɔː juː]
Es apskatīšos.

I'm sorry, we haven't got any.
[aim 'sɒri wiː hævnt gɒt 'eni]
Atvainojiet, mums tā nav.

Shall we order it for you? [ʃəl wi: 'ɔ:də it fɔ: ju:]
Vai vēlaties, lai mēs to pasūtām?

Is that everything? [iz ðət 'evriθiŋ]
Vai tas ir viss?

Anything else? ['eniθiŋ els]
Vai vēlaties vēl ko?

Apavi

Sieviešu apavu izmēri

ASV	5–5,5	6–6,5	7–7,5	8–8,5	9
Lielbr.	3–3,5	4,5–5	5,5–6	6,5–7	7,5
Eiropa	36	37	38	39	40

Vīriešu apavu izmēri

ASV	7	7,5	8	8,5	9	9,5	10	10,5	11
Lielbr.	6,5	7	7,5	8	8,5	9	9,5	10	10,5
Eiropa	39	40	41	42	43	44	45	46	47

Uzraksti apavu veikalā

SHOES REPAIRED
Apavu remonts

HEELS WHILE YOU WAIT
Papēžu ātrais remonts

kurpes	shoes [ʃuːz]
augstpapēžu k.	high-heeled shoes [hai 'hiːld ʃuːz]
k. ar auklām	shoes with laces [ʃuːz wið 'leisəz]
k. ar zemu papēdi	low-heeled shoes ['leʊhiːld ʃuːz]
laiviņkurpes	court shoes [kɔːt ʃuːz]
auduma laiviņkurpes	fabric court shoes ['fæbrik kɔːt ʃuːz]
teniskurpes	tennis shoes ['tenis ʃuːz]
čības	slippers ['slipəz]
gumijas zābaki	wellingtons ['weliŋtəns]
sandales	sandals ['sændəlz]
zābaki	boots [buːts]
z. ar auklām	lace-ups ['leisʌps]
kovboju z.	Western boots (cowboy boots) ['westən buːts ('kaʊbɔi buːts)]
sieviešu z.	ladies' boots ['leidiz buːts]
vīriešu z.	men's boots [mens buːts]
ziemas z.	winter boots ['wintə buːts]

Ādas izstrādājumi

āda	leather ['leðə]
ceļasoma	hold-all (*Lielbr.*) / carry-all (*ASV*) ['həʊldɔ:l / 'kæriɔ:l]
cimdi	gloves [glʌvz]
čemodāns	suitcase ['sju:tkeis]
dabiska āda	real / genuine leather [riəl / 'dʒenjʊin 'leðə]
diplomāts	brief-case ['bri:fkeis]
izstrādājumi no ādas	leatherware ['leðəweə]
josta	belt [belt]
kabatas portfelis, maks	wallet ['wɒlit]
lakota āda	patent leather ['peitənt 'leðə]
maciņš	purse [pɜ:s]
mugursoma	backpack ['bækpæk]
plecu soma	shoulder bag ['ʃəʊldə bæg]
rokassomiņa	handbag ['hændbæg]
smalkāda	nappa ['næpə]
zamšāda	chamois / suede ['ʃæmi / sweid]

Kosmētika

acu ēnas	eye-shadows [ˈaiʃædəʊz]
acu zīmulis	eye-liner [ˈailainə]
attīrošs krēms	cleansing cream
dezodorants	deodorant [diːˈəʊdərənt]
higiēniskā lūpukrāsa	lip protector / lip-balm / lipsalve [lip prəˈtektə / ˈlipbɑːm / ˈlipsɑːv]
kosmētikas somiņa	make-up bag [ˈmeikʌp bæg]
krēms	cream [kriːm]
skūšanās k.	shaving c. [ˈʃeiviŋ]
ieeguma k.	suntan c. [ˈsʌntən]
roku k.	hand c. [hænd]
losjons pēc skūšanās	aftershave (lotion) [ˈɑːftəʃeiv (ləʊʃn)]
lūpukrāsa	lipstick [ˈlipstik]
lūpu spīdums	lip gloss [lip glɒs]
lūpu zīmulis	lip-liner [ˈliplainə]
nagu laka	nail polish [neil ˈpɒliʃ]
nakts krēms	night cream [nait kriːm]
otiņa bārdas skūšanai	shaving brush [ˈʃeiviŋ brʌʃ]
perlamutra lūpukrāsa	pearlies / frosted lipstick [ˈpɜːliz / ˈfrɒstid ˈlipstik]
pūderis	(face) powder [(feis) ˈpaʊdə] powder puff [ˈpaʊdə pʌf]

smaržas	perfume [pə'fju:m]
šampūns	shampoo [ʃæm'pu:]
šķidrums nagu lakas noņemšanai	nail polish remover [neil 'pɒliʃ ri'mu:və]
tonālais krēms	liquid make-up ['likwid 'meikʌp]
trekna lūpukrāsa	cream lipstick [kri:m 'lipstik]
pūderkrēms	foundation cream [faʊn'deiʃn kri:m]
vannas esence	bath essence [bɑ:θ 'esəns]
vannas sāļi	bath salts [bɑ:θ sɔ:lts]

Tabakas izstrādājumi

VĀRDNĪCA: tabakas izstrādājumi

cigaretes	cigarettes [ˌsigə'rets]
c. ar mentolu	menthol c. [menθɒl]
vieglās c.	light c. [lait]
cigarešu paciņa	pack of cigarettes [pæk əv ˌsigə'rets]
cigāri	cigars [sigɑ:z]
etvija	cigarette-case [ˌsigə'ret keis]
pīpe	pipe [paip]
sērkociņu kastīte	box of matches [bɒks ev 'mætʃiz]
šķiltavas	lighter ['laitə]

tabaka	tobacco [tə'bækəʊ]
pīpju tabaka	pipe tobacco [paip tə'bækəʊ]
ūdenspīpe	water pipe ['wɔːtə paip]

Mūzikas preces

VĀRDNĪCA: mūzikas preces

albums	record [ri'kɔːd]
augstas kvalitātes	hi-fi stereo system
stereosistēma	[hai 'fai 'steriəʊ 'sistəm]
austiņas	headphones ['hedfəʊnz]
diktafons	dictaphone ['diktəfəʊn]
kasete	cassette [kə'sət]
kompaktdisks	compact disc / CD
	['kɒmpækt disk / siː diː]
pleijeris	walkman ['wəkmən]
radioaparāts	radio ['reidiəʊ]
videokasete	videocassette
	[ˌvidiəʊkə'set]

Fotopreces

VĀRDNĪCA: fotopreces

baterija	battery ['bætəri]
filtrs	filter ['filtə]

fotoaparāta futrālis	camera case ['kæmərə keis]
fotoaparāts	camera ['kæmərə]
digitālais f.	digital camera ['didʒitəl 'kæmərə]
vienreizējais f.	disposable camera
	[dis'pəʊzəbl 'kæmərə]
fotofilma	film [film]
krāsu f.	colour film ['kʌlə film]
melnbalta f.	black and white film
	[blæk ənd wait film]
24 / 36 kadru f.	24 / 36 exposures ['twenti fɔ: /
	'θɜ:ti siks iks'pəʊʒəz]
objektīva vāciņš	lens cap [lenz kæp]

Kur es varētu atrast fotoveikalu?
Where can I find a camera shop?
[weə kæn ai faind ə 'kæmərə ʃɒp]

Cik ilgā laikā jūs varat attīstīt šo filmiņu?
How long will it take to develop this film?
[haʊ lɒŋg wil it teik tə di'veləp ðis film]

Izgatavojiet pa vienai fotogrāfijai no katra kadra.
I want a print of each still.
[ai wɒnt ə print əv i:tʃ stil]

Es gribētu, lai jūs palielinātu šo attēlu uz ... .
I want this picture enlarged ... .
[ai wɒnt ðis 'piktʃə in'lɑ:dʒd]

- glancēta fotopapīra
- with a glossy finish
  [wið ə ˈglɒsi ˈfiniʃ]

- matēta fotopapīra
- with a matted finish
  [wið ə ˈmætid ˈfiniʃ]

Kādus samērīgu cenu fotoaparātus jūs pārdodat?
What inexpensive cameras do you sell?
[wɒt iniks'pensiv ˈkæmərəz də ju: sel]

Vai jums ir baterijas šādam fotoaparātam?
Do you have batteries for this camera?
[dʊ ju: həv ˈbætəriz fə ðis ˈkæmərə]

Vai šajā fotoaparātā ir iebūvēta zibspuldze?
Does this camera have a built-in flash?
[dʌz ðis ˈkæmərə hæv ə ˈbiltin flæʃ]

Es vēlos ... filmiņu.
I'd like a ... film. [aid laik ə film]
- melnbaltu
- black and white [blæk ənd wait]

- krāsu
- colour [ˈkʌlə]

Es vēlos saņemt savas fotogrāfijas. Lūk, kvīts.

I'd like to collect my photos. Here's the receipt.

[aid laik tə kə'lekt mai 'fəʊtəʊz hiəz ðə ri'si:t]

Juvelierizstrādājumi un pulksteņi

VĀRDNĪCA: juvelierizstrādājumi un pulksteņi

ahāts	agate ['ægit]
ametists	amethyst ['æməθist]
aproču poga	cufflink ['kʌfliŋk]
apzeltīts	gold-plated ['gəʊldpleitid]
auskars	earring ['iəriŋ]
briljants	diamond ['daimənd]
broša	brooch [brəʊt]
dārgakmens	precious stone / jewel / gem (gemstone) ['preʃəz stəʊn / 'dʒu:əl / dʒem ('dʒemstəʊn)]
dzintars	amber ['æmbə]
etvija	cigarette-case [sigə'retkeis]
galda piederumi	silverware ['silvəweə]
gredzens	ring [riŋ]
gredzens ar dārgakmeni	gemstone ring ['dʒemstəʊn riŋ]

juvelierizstrādājumi	jewelry (*ASV*) / jewellery (*Lielbr.*) ['dʒuːəlri]
kaklarota	necklace ['neklis]
kaklasaites saspraude	tie clip / tai pin [tai klip / tai pin]
kulons	pendant ['pendənt]
ķēdīte	chain [tʃein]
matu saspraude	hair grip (*Lielbr.*) / hairpin (*ASV*) [heə grip / 'heəpin]
pērle	pearl [pɜːl]
platīns	platinum ['plætnəm]
pulksteņa siksniņa	watch band [wɒtʃ bænd]
rokas pulkstenis	watch [wɒtʃ]
rokassprādze	bracelet ['breislit]
rubīns	ruby ['ruːbi]
safīrs	sapphire ['sæfaiə]
smaragds	emerald ['emərəld]
sudrabots	silver-plated ['silvəpleitid]
sudrabs	silver ['silvə]
topāzs	topaz ['təʊpæz]
tirkīzs	turquoise ['tɜːkwɑːz]
zelts; zelta-	gold [gəʊld]
ziloņkauls	ivory ['aivəri]
zīmoggredzens	signet ring ['signət riŋ]

Es meklēju juvelierizstrādājumu veikalu.
I'm looking for a jewelry store.
[aim 'lʊkiŋ fɔː ə 'dʒuːəlri stɔː]

Kur var nopirkt Šveices pulksteni?

Where can I buy a Swiss watch?

[weə kən ai bai ə swis wɒtʃ]

Lūdzu, parādiet man... .

Please show me ... . [pli:z ʃəʊ mi:]

- šo ķēdīti

- this chain [ðis tʃein]

- šos auskarus

- these ear rings [ði:z 'iəriŋz]

- šo kaklarotu

- this necklace [ðis 'nekləs]

Cik maksā šī pērļu virtene?

How much is this string of pearls?

[haʊ mʌtʃ iz ðis striŋ əv pɜ:lz]

Kāda prove ir šim gredzenam?

What is the gold standard of this ring?

[wɒt iz ðə gəʊld 'stændəd əv ðis riŋ]

Vai tas ir īsts sudrabs / zelts?

Is this real silver / gold?

[iz ðis riəl 'silvə / gəʊld]

Vai tam ir sertifikāts?

Is there a sertificate for it? [iz ðeə ə sə'tifikət fɔ: it]

Vai jums ir kas no ...?
Have you got anything of ...?
[hæv ju: gɒt 'eniθiŋ əv]
  - nerūsējošā tērauda
  - stainless steel ['steinlis sti:l]

  - sudraba
  - silver ['silvə]

  - kristāla
  - crystal ['kristəl]

  - vara
  - copper ['kɒpə]

  - emaljas
  - enamel [i'næməl]

Optika

VĀRDNĪCA: optika

---

binoklis	binoculars [bi'nɒkjʊləz]
brilles	glasses ['glɑ:siz]
briļļu futrālis	spectacle-case ['spektəklkeis]
(briļļu) rāmis	frame [freim]
(briļļu) stikls	lens [lens]

---

kontaktlēcas	contact lenses ['kɒntækt,lenziz]
mīkstās k.	soft c. l. [sɒft]
cietās k.	hard c. l. [hɑːd]
saulesbrilles	sunglasses ['sʌnglɑːsiz]
šķidrums kontaktlēcu	cleansing solution
tīrīšanai	['kliːnziŋ sə'luːʃən]
šķidrums kontaktlēcu	rinsing solution
uzglabāšanai	['rinziŋ sə'luːʃən]

Manas brilles saplīsa.
I have broken my glasses.
[ai hæv 'brəʊkən mai 'glɑːsiz]

Es vēlos apmainīt stiklus.
I need to change the lens.
[ai niːd tə tʃeindʒ ðə lens]

Man ir astigmatisms.
I have astigmatism. [ai hæv æs'tigmætizəm]

Es esmu tuvredzīgs.
I am short-sighted. [aim 'ʃɔːtsaitid]

Es esmu tālredzīgs.
I am far-sighted. [aim 'fɑːsaitid]

Man vajadzīgs ... .
I need ... . [ai niːd]

- briļļu futrālis
- a spectacle case [ə ˈspektəkl keis]

- briļļu rāmis
- a frame [freim]

Kādi rāmji jums ir?
What sort of frames do you have?
[wɒt sɔːt əv freimz də juː hæv]

Es vēlētos nopirkt ... rāmjus.
I would like to buy ... frames.
[ai wʊd laik tə bai ... freimz]

- metāla
- metal [ˈmetl]

- raga
- horn [hɔːn]

- apzeltītus
- gold-plated [ˈgəʊldpleitid]

- modernus
- fashionable [ˈfæʃnəbl]

Man ir +3 dioptrijas.
My vision is +3 dioptres.
[mai ˈviʒən iz plʌs θriː daiˈɒptəz]

226

Attālums starp centriem ir 65 mm.
The distance between my eyes is 65 mm.
[ðə ˈdistəns biˈtwiːn mai aiz iz ˈsiksti ˌfaiv ˈmili ˌmiːtəz]

Es nēsāju brilles pastāvīgi.
I wear glasses all the time.
[ai weə glɑːsiz ɔːl ðə taim]

Es nēsāju kontaktlēcas.
I wear contact lenses. [ai weə ˈkɒntəkt ˈlenziz]

Pārtikas veikalā

Sk. arī nodaļu «Pie galda»

VĀRDNĪCA: pamatprodukti

augļi	fruits [fruːts]
cukurs	sugar [ˈʃʊgə]
dārzeņi	vegetables [ˈvedʒtəblz]
gaļa	meat [miːt]
kafija	coffee [ˈkɒfi]
kartupeļi	potatoes [pəˈteitəʊz]
maize	bread [bred]
maizes batons	roll / bun [rəʊl / bʌn]
makaroni	pasta [ˈpæstə]
milti	flour [ˈflaʊə]

olas	eggs [egz]
piens	milk [milk]
putnu gaļa	poultry ['pəʊltri]
rīsi	rice [rais]
sāls	salt [sɔːlt]
siers	cheese [tʃiːz]
sviests	butter ['bʌtə]
šķiņķis	ham [hæm]
tēja	tea [tiː]
zivis	fish [fiʃ]

VĀRDNĪCA: sieri

cietais siers	hard cheese [hɑːd tʃiːz]
mīkstais siers	soft cheese [sɒft tʃiːz]
kausētais siers	cheese spread [tʃiːz spred]
biezpiena siers	cream cheese [spred tʃiːz]
nobriedinātais siers	mature cheese ['məˈtjʊə tʃiːz]
siers ar pelējumu	blue cheese [bluː tʃiːz]
mājas siers (biezpiens)	cottage cheese ['kɒtidʒ tʃiːz]
Edamas siers	Edam ['iːdæm]
kazas siers	goat cheese [gəʊt tʃiːz]
Čederas siers	Cheddar ['tʃedə]
Češiras siers	Cheshire ['tʃeʃə]
aitas siers	sheep's milk chesse [ʃiːps milk tʃiːz]
asais siers ar pelējumu	Stilton ['stiltən]
baltais siers	Wensleydale ['wenzlideil]

VĀRDNĪCA: kūpinājumi un desas

kūpinājumi	smoked meat [sməʊkt miːt]
bekons	bacon ['beikən]
šķiņķis	ham [hæm]
vārīts šķ.	cooked h. [kʊkt]
žāvēts šķ.	smoked h. [sməʊkt]
desa	sausage ['sɒsidʒ]
asinsdesa	black pudding [blæk 'pʊdiŋ]
aknu desa	liver sausage ['livə 'sɒsidʒ]
cīsiņi	wiener ['wiːnə]
žāvētā desa	smoked sausage [sməʊkt 'sɒsidʒ]

VĀRDNĪCA: gaļa

gaļa	meat [miːt]
liellopu g.	beef [biːf]
jēra g.	lamb [læm]
aitas g.	mutton ['mʌtn]
cūkgaļa	pork [pɔːk]
teļa g.	veal [viːl]
maltā g.	mince [mins]
fileja	fillet ['filit]
karbonāde	chop / cutlet / escalope [tʃɒp / 'kʌtlit / ə'skæləʊp]
lāpstiņa	shoulder ['ʃəʊldə]

krūtiņa	brisket ['briskit]
šķiņķis	ham [hæm]
putnu gaļa	poultry ['pəʊltri]
zoss g.	goose [gu:s]
tītara g.	turkey ['tɜ:ki]
pīles g.	duck [dʌk]
vistas g.	chicken ['tʃikin]
v. krūtiņa	c. breast [brest]
v. stilbiņš	c. drumstick ['drʌmstik]

VĀRDNĪCA: zivis un jūras produkti

anšovs	anchovy ['æntʃəvi]
austere	oyster ['ɔistə]
bute	plaice [pleis]
forele	trout [traʊt]
garnele	shrimp [ʃrimp]
kalmārs	squid [skwid]
krabis	crab [kræb]
lasis	salmon ['ʃæmən]
menca	cod [kɒd]
mīdija	mussel ['mʌsl]
omārs	lobster ['lɒbstə]
paltuss	sole [səʊl]
pīkša	haddock ['hædək]
sardīne	sardine [sɑ:'di:n]
tuncis	tuna ['tju:nə]

burkāns	carrot ['kærət]
cigoriņi	chicory ['tʃikəri]
gurķis	cucumber ['kju:kʌmbə]
kāposti	cabbage ['kæbidʒ]
kartupelis	potato [pə'teitəʊ]
kukurūza	maize [meiz]
ķiploks	garlic ['gɑ:lik]
paprika **(saldais pipars)**	paprika ['pæprikə]
puravs	leek [li:k]
salāts	salad ['sælad]
sēne	mushroom ['mʌʃrʊm]
sīpols	onion ['ʌnjən]
spināts	spinach ['spinidʒ]
tomāts	tomato [tə'mɑ:təʊ]

ābols	apple ['æpl]
ananass	pineapple ['painæpl]
apelsīns	orange ['ɒrindʒ]
aprikoze	apricot ['eiprikət]
arbūzs	watermelon ['wɔ:təmelən]
avene	raspberry ['rɑ:zbəri]

banāns	banana [bə'nɑ:nə]
bumbieris	pear [peə]
citrons	lemon ['lemən]
ērkšķoga	gooseberry ['gu:zbəri]
jāņoga	redcurrant [red'kʌrənt]
kivi	kiwi ['ki:wi:]
ķirši	cherry ['tʃeri]
mandarīns	tangerine [tændʒ'ri:n]
mellene	blueberry ['blu:bəri]
melnplūme	damson ['dæmzən]
melone	melon ['melən]
persiks	peach [pi:tʃ]
upene	blackcurrant [blæk'kʌrənt]
vīnoga	grape [greip]
zemene	strawberry ['strɔ:bəri]

Lūdzu, kukulīti maizes.
A loaf of bread, please. [ə ləʊf əv bred pli:z]

Lūdzu, iedodiet... .
Give me, please... . [giv mi: pli:z]
   - tējas / kafijas paciņu
   - a pack of tea / coffee [ə 'pæk əv ti: / 'kɒfi]

   - mārciņu šķiņķa / siera
   - a pound of ham / cheese
      [ə paʊnd əv hæm / tʃi:z]

Lūdzu, nosveriet divas mārciņas ... .

Please weigh out two pounds of ... .

[pli:z wei aʊt tu: ˈpaʊndz əv]

- **apelsīnu**
- oranges [ˈɒrindʒiz]

- **gurķu**
- cucumbers [ˈkju:kəmbəz]

- **tomātu**
- tomatoes [təˈmɑ:təʊz]

- **ābolu**
- apples [ˈæplz]

Vai jums ir ...?

Do you have ...? [dʊ ju: hæv]

- **greipfrūti**
- grapefruits [ˈgreipfru:ts]

- **sardīnes**
- sardines [ˈsɑ:dinz]

- **olīvas**
- olives [ˈɒlivz]

Lūdzu, ...

Could I have ... . [kʊd ai hæv]

- **paku piena**
  - carton of milk [kɑ:tn əv milk]

- **paku sulas**
  - pack of juice [pæk əv dʒu:s]

- **pudeli ūdens**
  - a bottle of water [ə bɒtl əv ˈwɔ:tə]

Pusduci olu, lūdzu.
Half a dozen eggs, please.
[hɑ:f ə ˈdʌzən egz pli:z]

PAKALPOJUMI

Banka un naudas operācijas

ATCERIES!

Bankomātus dēvē dažādi. ASV – *ATM, automated teller machine;* Lielbritānijā – *cash dispencer, cashpoint u. c.*

Maksāšanas līdzekļi ārzemju braucienā

ceļojuma čeks	traveller's cheque [ˈtrævləz tʃek]
eiročeks	eurocheque [ˈjʊərəʊtʃek]
skaidra nauda	cash [kæʃ]
kredītkarte	credit card [ˈkredit kɑːd]

Nauda Lielbritānijā un ASV

Aiz slīpsvītras dots sarunvalodā lietotais nosaukums

LIELBRITĀNIJA

Monētas

1 penss / penijs	one p coin / a penny
	[wʌn pi: 'kɔin / ə 'peni]
2 pensi	a twopence / a twopenny
	['tʌpəns / ə 'tʌpni]
5 pensi	a fivepenny piece / five p
	[ə 'faivpəni pi:s / faiv pi:]
10 pensu	a tenpenny piece / ten p
	[ə 'tenpəni pi:s / ten pi:]
20 pensu	a twenty pence coin / twenty p
	[ə 'twenti pens kɔin / twenti pi:]
50 pensu	a fifty pence piece / fifty p
	[ə fifti pens pi:s / 'fifti pi:]
1 mārciņa	a pound / a quid
	[ə paʊnd / ə kwid]

Banknotes

5 mārciņas	five pounds / quid / a fiver
	[faiv paʊndz / kwid/ ə 'faivə]
10 mārciņu	ten pounds / quid / a tenner
	[ten paʊndz / kwid / ə 'tenə]
20 mārciņu	twenty pounds / quid
	['twenti paʊndz / kwid]
50 mārciņu	fifty pounds / quid
	['fifti paʊndz / kwid]

ASV

Monētas

1 cents	one cent / a penny [wʌn sent / ə 'peni]
5 centi	five cents / a nickel [faiv sents / ə 'nikəl]
10 centu	ten cents / a dime [ten sents / ə daim]
25 centi	twenty-five cents / a quarter
	['twenti faiv sents / ə 'kwɔ:tə]
50 centu	a half-dollar [ə hɑ:f'dɒlə]
1 dolārs	one dollar [wʌn 'dɒlə]

Banknotes

1 dolārs	one dollar [wʌn 'dɒlə]
2 dolāri	two dollar bill [tu: dɒlə bil]
5 dolāri	five dollar bill [faiv 'dɒlə bil]
10 dolāru	ten dollar bill [ten 'dɒlə bil]
20 dolāru	twenty dollar bill ['twenti 'dɒlə bil]
50 dolāru	fifty dollar bill [fifti 'dɒlə bil]
100 dolāru	hundred dollar bill ['hʌndrəd 'dɒlə bil]

Valūtas maiņa

Uzraksti

OPEN	CLOSED
Atvērts	Slēgts

PUSH	PULL
Grūst	Vilkt

PRESS	CASHIERS
Spiediet	Kases

ALL TRANSACTIONS	SECURITY
Visi darījumi	Drošības dienests

CASH MACHINE / ATM / CASH DISPENCER	MONEY EXCHANGE
Bankomāts	Valūtas maiņa

BUREAU DE CHANGE	FOREIGN EXCHANGE
Valūtas maiņa	Ārzemju valūta

WE BUY	WE SELL
Pirkšana	Pārdošana

Kur es varu apmainīt valūtu?
Where can I change money?
[weə kən ai tʃeindʒ 'mʌni]

Kāds ir bankas (maiņas punkta) darba laiks?
What are the operating hours of the bank (exchange office)? [wɒt ɑ: ðə 'ɒpəreitiŋ 'aʊəz əv ðə bæŋk (iks'tʃeindʒ 'ɒfis)]

Vai jūs izsniedzat naudu pret ceļojuma čekiem?
Do you cash travellers' cheques?
[dʊ ju: kæʃ 'trævləz tʃeks]

Cik tas maksā?
How much would it cost?
[haʊ mʌtʃ wʊd it kɒst]

Vai tas ir kopā ar nodokļiem?
Does this include taxes? [dʌz ðis in'klu:d tæksiz]

Vai ir pienācis ... uz mana vārda?
Have you received a ... in my name?
[hæv ju: ri'si:vd ə ... in mai neim]
  - čeks
  - cheque [tʃek]

  - naudas pārvedums
  - money order ['mʌni 'ɔ:də]

Kāds ir maiņas kurss ...?
What is the exchange rate for the ...?
[wɒt iz ðə iks'tʃeindʒ reit fɔ: ðə]

  - ASV dolāram
  - US dollar ['juːs 'dɒlə]

  - sterliņu mārciņai
  - British pound ['britiʃ paʊnd]

  - eiro
  - euro ['jʊərəʊ]

Cik liela ir komisijas nauda?
How much is the commission?
[haʊ mʌtʃ iz ðə kə'miʃn]

Vai jūs varat izmainīt dolāru / piecus dolārus?
Do you have change for a dollar / five dollars?
[dʊ ju hæv tʃeindʒ fɔ ə 'dɒlə / faiv 'dɒləz]

Es esmu pazaudējis ceļojuma čekus. Tiem ir šādi numuri.
I've lost my traveller's cheques. These are the numbers.
[aiv lɒst mai 'trævləz tʃeks ðiːz aː ðə 'nʌmbəz]

credit card ['kredit kɑːd] kredītkarte
personal identification PIN-kods
  number (PIN) ['pɜːsnəl
  aiˌdentifiˈkeiʃən 'nʌmbə (pin)]
eurocheque ['jʊərəʊtʃek] eiročeks
traveller's cheque ['trævləz tʃek] ceļojuma čeks
exchange [iksˈtʃeindʒ] maiņa
  e. rate [reit] maiņas kurss
currency ['kʌrensi] valūta

Drošības pārbaude

Could I see ...? [kʊd ai siː]
Lūdzu, uzrādiet ... .

    - your passport [jɔː 'pɑːspɔːt]
    - savu pasi

    - your bank card [jɔː bæŋk kɑːd]
    - savu bankas karti

What's your address? [wɒts jɔː əˈdres]
Jūsu adrese?

Where are you staying? [weə ɑː juː 'steiiŋ]
Kur jūs esat apmeties?

Can you fill in this form, please?
[kən ju: fil in ðis fɔ:m pli:z]
Aizpildiet, lūdzu, šo veidlapu.

Pie bankomāta

Bankomāta lietošanas instrukcija

Please insert your card   Ielieciet karti

Please enter your personal   Ievadiet PIN kodu
number

To confirm amount press   Apstipriniet summu,
ENTER   nospiežot ENTER

Please select service   Izvēlieties nepieciešamo
required   operāciju

CASH WITH RECEIPT   IZMAKSA AR ČEKU

CASH WITHOUT RECEIPT   IZMAKSA BEZ ČEKA

BALANCE ENQUIRY   BILANCES
                                     APSKATĪŠANĀS

STATEMENT   BILANCES IZRAKSTS

PAY A BILL   NOMAKSĀT RĒĶINU

Please choose the   Ievadiet summu, kuru
appropriate   vēlaties izņemt
withdrawal amount

You can withdraw a   Jūs varat izņemt ne
maximum   vairāk par ...
amount of ...

Confirm / Proceed   Apstiprināt / Turpināt

Please wait a moment	Gaidiet
Your bank is dealing with your request	Jūsu banka apstrādā jūsu pieprasījumu
Please take your card	Paņemiet karti
Please take your cash	Paņemiet naudu
Please take your receipt	Paņemiet čeku
CLEAR	NODZĒST
CANCEL / ERROR	ATCELT / KĻŪDA
ENTER	APSTIPRINĀŠANA / IEVADĪŠANA

Vai šis bankomāts pieņem eiročeku kartes?
Can I use a eurocheque card to draw money at this telling machine?
[kæn ai ju:z ə 'jʊərəʊtʃek ka:d tə drɔ: 'mʌni ət ðis 'teliŋ mə'ʃi:n]

Mana kredītkarte palika bankomātā.
The machine has swallowed (up) my credit card.
[ðə mə'ʃi:n hæz 'swɒləʊd (ʌp) mai 'kredit ka:d]

Please sign here. [pli:z sain hiə]
Lūdzu, parakstieties šeit.

Pasts

Uzraksti

POST-BOX

pastkastīte

LOCAL ONLY

Vietējām vēstulēm

NEXT
COLLECTION

Nākamā vēstuļu
izņemšana

VĀRDNĪCA: pasts

---

adresāts	addressee [ˌædreˈsiː]
adrese	address [əˈdres]
aizpildīt veidlapu	fill in a form [fil in ə fɔːm]
aploksne	envelope [ˈenvələʊp]
apsveikuma kartīte	greeting card [ˈɡriːtiŋ kɑːd]
atlaide (no cenas)	discount [ˈdiskaʊnt]
atpakaļadrese	return address [riˈtɜːn əˈdres]
aviopasts	airmail [ˈeəmeil]
bandrole	printed matter [ˈprintəd ˈmætə]
čeks	receipt [riˈsiːt]
ierakstīta	registered [ˈredʒistəd]
marka	stamp [stæmp]
nosūtīt vēstuli	send a letter [send ə ˈletə]

paciņa	parcel (*Lielbr.*) / package (*ASV*) [pɑːsl / ˈpækidʒ]
pasta indekss	postcode (*Lielbr.*) / ZIP code (*ASV*)
pasta pārvedums	postal order [ˈpəʊstəl ˈɔːdə]
pastkarte	postcard [ˈpəʊstkɑːd]
pastkastīte	post box (*Lielbr.*) / mailbox (*ASV*) [pəʊst bɒks / ˈmeilbɒks]
pasts	post office [pəʊst ˈɒfis]
pielīmēt marku	put on a stamp [pʊt ɒn ə stæmp]
sakari	communications [kəˌmjuːniˈkeiʃənz]
saņemt pēc pilnvaras	receive by proxy [riˈsiːv bai ˈprɒksi]
sūtītājs	sender [ˈsendə]
sūtīt faksu	fax [fæks]
vēstule	letter [ˈletə]
vēstule uz pieprasījumu	letter by poste restante (*Lielbr.*) / general-delivery letter (*ASV*) [ˈletə bai pəʊst ˈrestɑːn t / ˈdʒenərəl diˈlivəri ˈletə]

Cik maksā šīs vēstules nosūtīšana?

How much postage does this letter need?
[haʊ mʌtʃ ˈpəʊstidʒ dʌz ðis ˈletə niːd]

Es gribu nosūtīt vēstuli kā ekspressūtījumu.

I'd like to send this letter by special delivery.
[aid laik tə send ðis ˈletə bai ˈspeʃəl diˈlivəri]

Es gribētu nosūtīt šo vēstuli kā ierakstītu vēstuli.

I'd like to send this by registered mail.

[aid laik tə send ðis bai ˈredʒistəd meil]

Es vēlētos nosūtīt šo paciņu uz ... .

I want to send this package to ... .

[ai wɒnt tə send ðis ˈpækidʒ tə]

Cik maksā sūtīšana ar parasto pastu / aviopastu?

How much does it cost by regular mail / airmail?

[haʊ mʌtʃ dʌz it kɒst bai ˈregjʊlə meil / ˈeəmeil]

Trīs aviopasta aploksnes, lūdzu.

Three airmail envelopes please.

[θri: ˈeəmeil ˈenvələʊps pli:z]

Vai es varu šeit nosūtīt ...?

Can I send ... from here? [kən ai send ... frɒm hiə]

- **telegrammu**
  - a telegram [ə ˈteligræm]

- **faksu**
  - a fax [ə fæks]

Lūdzu, marku par 15 pensiem.

A 15 p stamp, please. [ə fifˈti:n pi: stæmp pli:z]

Lūdzu bloku ar 10 centu markām.
A book of 10-cent stamps, please.
[ə bʊk əv ˈtensent stæmps pliːz]

Vai man nav pienākušas vēstules uz piepraisījumu?
Are there any post restante letters for me?
[ɑː ðeə ˈeni pəʊst ˈrestɑːnt ˈletəz fɔː miː]

Vai jūs varētu pārsūtīt manu pastu uz šo adresi?
Could you forward my mail to this address?
[kʊd ju ˈfɔːwəd mai meil tə ðis əˈdres]

Telekomunikācijas

ATCERIES!

Kods, zvanot no ārzemēm uz Latviju, ir 00371

Es vēlos piezvanīt.
I want to make a phonecall. [ai wɒnt tə meik fəʊnkɔː]

Kur šeit tuvumā ir telefona automāti?
Where there are public phone boxes (*Lielbr.*) / phone booths (*ASV*)/ payphones near here?
[weə ðeə ɑː ˈpʌblik fəʊn ˈbɒksiz / fəʊn buːθs / ˈpeifəʊns niə hiə]

Iegaumē!

aizņemts	engaged (*Lielbr.*) / busy (*ASV*)
	[in'geidʒd / 'bizi]
atbildēt uz zvanu	to answer the phone
	[tə 'ɑ:nsə ðə feʊn]
kods	code [kəʊd]
starptautiskais k.	international access code
	[intə'næʃnl æ'ksəs kəʊd]
valsts k.	country / national code
	['kʌntri / 'næʃnl kəʊd]
vietējais k.	area code ['eəriə kəʊd]
nepareizs numurs	wrong number [ˌrɒŋ 'nʌmbə]
nodot ziņu	give a message ['giv ə 'mesidʒ]
tālruņa numurs	phone number [fəʊn 'nʌmbə]
telefongrāmata	phone directory
	[fəʊn dai'rəktəri]
telekarte	callcard / phonecard
	['kɔ:lkɑ:d / 'fəʊnkɑ:d]
piezvanīt	to call / to phone / to make a call
	[tə kɔ:l / tə fəʊn / tə meik ə kɔ:l]

Telefona automāta lietošana

Lift handset	Noņemiet klausuli
Insert coins (callcard)	Ievietojiet naudu (karti)
Please wait	Lūdzu uzgaidiet

Please dial	Sastādiet numuru
Hang up to get money back	Lai saņemtu atpakaļ naudu, nolieciet klausuli
To extend call after warning signal insert more money	Lai sarunu turpinātu pēc brīdinājuma signāla, ievietojiet vēl monētas
All unused coins refunded	Visas neizmantotās monētas tiks atdotas

Frizētavā

> **ATCERIES!**
>
> **kungu frizētava**   barber's ['ba:bəz]
> **dāmu frizētava**   hairdresser's ['heədresəz]

Kur ir tuvākā frizētava?
Where is the nearest hairdresser's (barber's shop)? [weə iz ðə 'niərəst 'heədresəz ('ba:bəz ʃɒp)]

Lūdzu, pierakstiet mani.
I want to make an appointment.
[ai wɒnt tə meik ən ə'pɔintmənt]

Es gribu pierakstīties šodien / rīt uz plkst. ... .
I would like to make an appointment for ... o'clock today / tomorrow. [ai wʊd laik tə meik ən ə'pɔintmənt fɔ: ... ɔ'klɒk tə'dei / tə'mɒrəʊ]

Kungu zāle

Man vajadzētu apgriezt matus / noskūt bārdu.
I would like a haircut / a shave.
[ai wʊd laik ə ˈheəkʌt / ə ʃeiv]

Lūdzu, apgrieziet manus matus ... .
Please cut my hair ... . [pliːz kʌt mai heə]
- **īsus**
  - close [kləʊz]

  - **ne pārāk īsus**
  - not too short [nɒt tuː ʃɔːt]

Lūdzu, nogrieziet mazliet ... .
Take some off the ... please.
[teik sʌm ɒf ðə ... pliːz]
- **priekšā**
  - front [frɒnt]

  - **sānos**
  - sides [saidz]

  - **aizmugurē**
  - back [bæk]

Nenogrieziet par daudz.
Don't cut too much. [dəʊnt kʌt tuː mʌtʃ]

Vaigubārdu, lūdzu, ...

Make the sideburns ... . [meik ðə ˈsaidbɜːnz]
- **taisnu**
- straight [streit]

- **slīpu**
- slanting [ˈslɑːntiŋ]

- **plānāku**
- thinner [ˈθinə]

- **īsāku**
- shorter [ˈʃɔːtə]

Celiņu, lūdzu, ...

Make the part ... . [meik ðə pɑːt]
- **vidū**
- in the middle [in ðə midl]

- **sānos**
- at the side [æt ðə said]

- **kreisajā pusē**
- on the left [ɒn ðə left]

- **labajā pusē**
- on the right [ɒn ðə rait]

Lūdzu, apgrieziet manas ... .

Please trim my ... . [pli:z trim mai]

- **ūsas**
  - moustache [mə'stɑ:ʃ]

- **bārdu**
  - beard [biəd]

- **vaigubārdu**
  - whiskers ['wiskəz]

Lūdzu, noskujiet mani.

Give me a shave, please. [giv mi: ə ʃeiv pli:z]

Karstu kompresi, lūdzu.

Apply a hot compress, please.
[ə'plai ə hɒt 'kɒmpres pli:z]

Lūdzu, mazliet ... .

A little ... please [ə litl ... pli:z]

- **odekolona**
  - cologne [kə'ləʊn]

- **losjona**
  - aftershave ['ɑ:ftəʃeiv]

- **krēma**
  - cream [kri:m]

Dāmu zāle

Man vajadzētu ... .
I would like ... . [ai wʊd laik]
- **izmazgāt matus**
- a shampoo [ə ʃæm'pu:]

- **veidot frizūru**
- a set [ə set]

- **apgriezt matus**
- a cut [ə kʌt]

- **izmainīt frizūru**
- to change my style [tə tʃeindʒ mai stail]

Es vēlos apskatīt frizūru modeļus.
I would like to see models of hair styles.
[ai wʊd laik tə si: 'mɒdlz əv heə stailz]

Lūdzu, izveidojiet man modernu griezumu.
Give me a fashionable cut please.
[giv mi: ə 'fæʃnəbl kʌt pli:z]

Kāda frizūra man piestāv?
What sort of style would become me?
[wɒt sɔ:t əv stail wəd bi'kʌm mi:]

Lūdzu, ...
Please ... . [pli:z]
   - **īsākus sānos un priekšā**
   - shorten the sides and in front
      [ˈʃɔ:tn ðə saidz ənd in frʌnt]

   - **īsākus**
   - make it shorter [meik it ˈʃɔ:tə]

   - **nedaudz nolīdziniet**
   - just trim [dʒʌst trim]

Es vēlos, lai ausis būtu aizklātas / brīvas.
I want my ears to be covered (to show).
[ai wɒnt mai iəz tə bi: ˈkʌvəd (tə ʃəʊ)]

Lūdzu, veidojiet matus ... .
Please comb out my hair ... . [pli:z kəʊm aut mai heə]
   - **bez celiņa**
   - with no part [wið nəʊ pa:t]

   - **ar celiņu labajā / kreisajā pusē**
   - with a part on the right (left)
      [wið ə pa:t ən ðə rait (left)]

Lūdzu, nedaudz lakas.
Please use some hairspray.
[pli:z ju:z sʌm ˈheəsprei]

Bez lakas, lūdzu.
No hairspray, please. [nəʊ ˈheəsprei pliːz]

Es vēlos nokrāsot matus.
Please dye my hair. [pliːz dai mai heə]

Es vēlētos ... .
I would like ... . [ai wəd laik]
- **vara / sudraba nokrāsu**
- a copper / silver tint [ə ˈkɒpə / ˈsilvə tint]

- **kastaņkrāsas / pelnukrāsas**
- a chestnut / an ash colour
  [ə ˈtʃesnʌt / ən æʃ ˈkʌlə]

Lūdzu, nokrāsojiet matus ... .
Please dye my hair ... . [pliːz dai mai heə]
- **blondus**
- blonde [blɒnd]

- **tumši brūnus**
- dark brown [dɑːk braʊn]

- **gaiši brūnus**
- light brown [lait braʊn]

MEDICĪNISKĀ PALĪDZĪBA

Vispārēja informācija

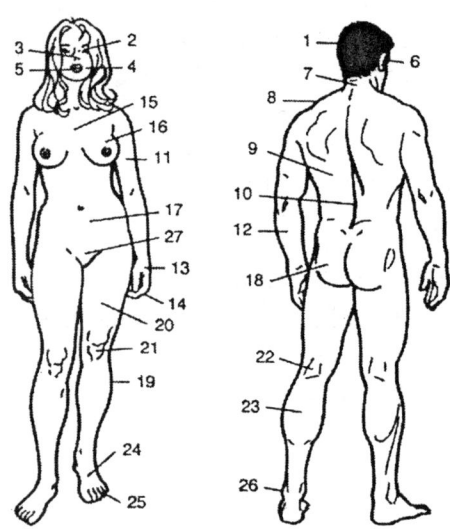

1. galva   head [hed]
2. acs   eye [ai]
3. deguns   nose [nəʊz]
4. mute   mouth [maʊθ]
5. lūpa   lip [lip]
6. auss   ear [iə]

7. kakls	neck [nek]
8. plecs	shoulder ['ʃəʊldə]
9. mugura	back [bæk]
10. mugurkauls	spine [spain]
11. roka	arm [ɑ:m]
12. apakšdelms	lower arm ['ləʊə ɑ:m]
13. plauksta	hand [hænd]
14. rokas pirksts	finger ['fiŋgə]
15. krūškurvis	chest [tʃest]
16. krūts	breast [brest]
17. vēders	belly / stomach ['beli / 'stʌmək]
18. sēžamvieta	buttocks ['bʌtəks]
19. kāja	leg [leg]
20. augšstilbs	thigh [θai]
21. ceļgals	knee [ni:]
22. locītava	joint [dʒɔint]
23. kājas liels	calf [kɑ:f]
24. pēda	foot [fʊt]
25. kājas pirksts	toe [təʊ]
26. potīte	ankle [æŋkl]
27. dzimumorgāni	genitals ['dʒenitlz]

Citas ķermeņa daļas

āda	skin [skin]
akna	liver ['livə]
apendikss	appendix [ə'pendiks]
dzemde	womb / uterus [wu:m / 'ju:tərəs]
īkšķis	thumb [θʌm]

kakla dziedzeri	glands [glændz]
mandeles	tonsils ['tɒnsəlz]
niere	kidney ['kidni]
plauša	lung [lʌŋ]
sirds	heart [hɑːt]
urīnpūslis	bladder ['blædə]
vairogdziedzeris	thyroid gland / thyroid ['θairɔid glænd / 'θairɔid]
vēderdobums	stomach ['stʌmək]
vēna	vein [vein]
zarnas	intestines / bowels [in'testinz / 'bəʊəlz]
zobs	tooth (*dsk.* teeth) [tuːθ (tiːθ)]
žoklis	jaw [dʒɔː]

Vai jūs varat man ieteikt labu ārstu?
Can you recommend a good doctor?
[kæn juː rekə'mend ə gʊd 'dɒktə]

Vai jums ir ārsts, kurš runā ...?
Is there a doctor who speaks ...?
[iz ðeə ə 'dɒktə huː spiːks]

> **- vāciski**
> - German ['dʒɜːmən]

> **- krieviski**
> - Russian ['rʌʃn]

> **- spāniski**
> - Spanish ['spæniʃ]

Kur ārsts pieņem?

Where's the doctor's practice?

[weəz ðə ˈdɒktəz ˈpræktis]

Vai ārsts var ierasties šeit?

Could the doctor come to see me here?

[kʊd ðə ˈdɒktə kʌm tə si: mi: hiə]

Vai var pierakstīties pie ārsta ...?

Can I make an appointment for ...?

[kæn ai meik ən əˈpɔintmənt fɔː]

  - uz šodienu / rītdienu
  - today / tomorrow [təˈdei / təˈmɒrəʊ]

  - pēc iespējas drīz
  - as soon as possible [əz su:n əz ˈpɒsəbl]

Tas ir steidzami.

It's urgent. [its ˈɜːdʒənt]

Mans / mana ... ir ievainots / ievainota.

My ... is hurt (injured). [mai ... iz hɜːt (ˈindʒəd)]
  - vīrs / sieva
  - husband / wife [ˈhʌzbənd / waif]

  - dēls / meita
  - son / daughter [sʌn / ˈdɔːtə]

  - draugs / draudzene
  - friend [frend]

Iegaumē!

ārsts	doctor ['dɒktə]
ginekologs	gynaecologist [ˌgainə'kɒlədʒist]
kardiologs	cardiologist [ˌkɑ:di'ɒlədʒist]
ķirurgs	surgeon ['sɜ:dʒən]
medmāsa	nurse [nɜ:s]
neiropatologs	neuropathologist [njʊərəpə'θɒlədʒist]
onkologs	oncologist [ən'kɒlədʒist]
otolaringologs	otolaryngologist
	[ˌəʊtəʊˌlariŋ'gɒiədʒist]
pediatrs	pediatrician [ˌpi:diə'triʃn]
sanitārs	orderly ['ɔ:dəli]
zobārsts	dentist ['dentist]
terapeits	general practitioner
	['dʒenərl prək'tiʃnə]
urologs	urologist [jʊ'rɒlədʒist]

Pie ārsta

Simptomi

Es esmu saaukstējies / saaukstējusies.
I have a cold. [ai hæv ə kəʊld]

Man ir ... .
I have ... . [ai hæv]

- augsta temperatūra
- high temperature [hai 'temprit∫ə]

- drudzis
- fever ['fi:və]

- klepus
- a cough [ə kɒf]

- iesnas
- running nose ['rʌniŋ nəʊz]

- gremošanas traucējumi
- an upset stomach [ən ʌp'set 'stʌmək]

Man ir problēmas ar sirdi.
My heart is bothering me.
[mai hɑ:t iz 'bɒðəriŋ mi:]

Es esmu saindējies / saindējusies.
I have poisoning. [ai hæv 'pɔizəniŋ]

Man sāp kakls.
I have a sore throat. [ai hæv ə sɔ: θrəʊt]

Man sāp vēders.
I have a stomach ache. [ai hæv ə 'stɒmək eik]

Man sāp galva.
I have a headache. [ai hæv ə 'hedeik]

Man sāp mugura.
I have pains in my back. [ai hæv peinz in mai bæk]

Es jūtu sāpes krūtīs.
I have chest pains. [ai hæv tʃest peinz]

Man sāp kāja.
My leg hurts. [mai leg hɜ:ts]

Man sāp roka.
My arm aches. [mai ɑ:m eiks]

Man ir alerģija pret ... .
I am allergic to ... . [ai əm əˈlɜ:dʒik tʊ]
   - **smakām**
   - odours [ˈəʊdəz]

   - **ziedēšanu**
   - pollen [ˈpɒlin]

   - **dažām zālēm**
   - some medicines [sʌm ˈmedsinz]

Man ir slikta dūša.
I am sick. [ai əm sik]

Mani krata drebuļi.
I have chills. [ai hæv tʃilz]

Man ir krampji.
I have cramps. [ai hæv kræmps]

Es slikti guļu.
I don't sleep too well. [ai dəʊnt sli:p tu: wel]

Es traumēju kāju / roku.
I have hurt my leg / arm. [ai həv hɜ:t mai leg / ɑ:m]

Man nav apetītes.
I have no appetite. [ai hæv nəʊ 'æpitait]

Veselības stāvoklis

Man ir ... .
I have got ... . [ai hæv gɒt]
    - artrīts
    - arthritis [ɑ:'θraitis]

    - astma
    - asthma ['æsmə]

    - epilepsija
    - epilepsy ['epilepsi]

    - diabēts
    - diabetes [,daiə'bi:ti:z]

- augsts asinsspiediens
- high blood pressure [hai blʌd 'preʃə]

Es esmu (... mēnešus) stāvoklī.
I am (... months) pregnant.
[ai əm (... mʌnθs) 'pregnənt]

Man bija infarkts pirms ... gadiem.
I had a heart attack ... years ago.
[ai hæd ə hɑːt ə'tæk ... jiəz ə'gəʊ]

Vizīte pie ārsta

How long have you had it?
[haʊ lɒŋ həv juː hæd it]
Cik ilgi jums tā ir?

Have you ever had this before?
[hæv juː 'evə həd ðis bi'fɔː]
Vai jums tā ir bijis arī iepriekš?

Strip to the waist. [strip tə ðə weist]
Izģērbieties līdz viduklim.

Please lie on your back / side.
[pliːz lai ɒn jɔː bæk / said]
Lūdzu, apgulieties uz muguras / sāniem.

Breathe in deeply. [bri:ð in ˈdi:pli]
Ieelpojiet dziļi.

Hold the breath. [həʊld ðə breθ]
Aizturiet elpu.

Open your mouth. [ˈəʊpən jɔ: maʊθ]
Atveriet muti.

Cough, please. [kɒf pli:z]
Lūdzu, klepojiet.

Are you on any medication?
[ɑ: ju: ɒn ˈeni ˌmediˈkeiʃən]
Vai jūs lietojat zāles?

Where does it hurt? [weə dʌz it hɜ:t]
Kur jums sāp?

Does it hurt here? [dʌz it hɜ:t hiə]
Vai šeit sāp?

**Are you allergic to antibiotics /
anaesthetics?**
[ɑ: ju: əˈlɜ:dʒik tə ˈæntibaiˈɒtiks / ˌæni:sˈθetiks]
Vai jums ir alerģija pret antibiotikām /
anestēzijas līdzekļiem?

Do you suffer from any chronic disease?
[dʊ ju: 'sʌfə frɒm 'eni ə'krɒnik di'zi:z]
Vai jums ir hroniskas saslimšanas?

Are you HIV positive? [ɑ: ju: eitʃ ai 'vi: 'pɒzitiv]
Vai jūs esat HIV pozitīvs?

Are you pregnant? [ɑ: ju: 'pregnənt]
Vai esat stāvoklī?

When did you last have your period?
[wen did ju: lɑ:st həv jɔ: 'piəriəd]
Kad jums pēdējoreiz bija menstruācija?

I'll take your blood pressure / temperature.
[ail teik jɔ: blʌd 'preʃə / 'tempritʃə]
Es izmērīšu jūsu asinsspiedienu / temperatūru.

Roll up your sleeve, please.
[rəʊl ʌp jɔ: sli:v pli:z]
Lūdzu, uzrotiet piedurkni.

Diagnostika un ārstēšana

It's nothing serious / contagious.
[its 'nʌθiŋ 'siəriəs / kən'teidʒəs]
Nekas nopietns / infekciozs.

You've got ... . [juːv gɒt]
Jums ir ... .
- **appendicitis** [əˌpendiˈsaitis]
- apendicīts

- **pneumonia** [njuːˈməʊniə]
- pneimonija

You've got food poisoning.
[juːv gɒt fuːd ˈpɔizəniŋ]
Jūs esat saindējies ar pārtiku.

You've broken / sprained your ankle.
[juːv ˈbrəʊkən / ˈspreind jɔː ænkl]
Jums ir lauzta / izmežģīta potīte.

You've pulled a muscle. [juːv pʊld ə mʌsl]
Jūs esat sastiepis muskuli.

I'll give you ... . [ail giv juː]
Es veikšu jums ... .
- **a (local) anaesthetic**
  [ə (ˈləʊkəl) ˌænisˈθetik]
- (vietējo) anestēziju

- **an injection** [ən inˈdʒekʃən]
- injekciju

We will put on a plaster cast.
[wi: wil pʊt ən ə 'plɑ:stə kɑ:st]
Mēs uzliksim ģipsi.

We would like to take a sample of your blood / urine.
[wi: wʊd laik tə teik ə sæmpl əv jɔ: blʌd / 'jʊərin]
Mēs gribētu izdarīt jūsu asinsanalīzi / urīna analīzi.

We will X-ray you. [wi: wil 'eksrei ju:]
Mēs uztaisīsim rentgenu.

You'll have to stay in bed for ... days.
[ju:l həv tə stei in bed fɔ: ... deiz]
Jums jāievēro gultas režīms ... dienas.

Take these tablets / pills three times a day.
[teik ði:z 'tæblits / pilz θri: taimz ə dei]
Lietojiet šīs tabletes trīs reizes dienā.

Call in again next week. [kɔ:l in ə'gen neks wi:k]
Atnāciet vēlreiz nākamnedēļ.

I'm transferring you to a ... .
[aim træns'fɜ:riŋ ju: tʊ ə]
Es nosūtīšu jūs ... .

    - hospital ['hɒspitəl]
    - uz slimnīcu

- **specialist** [ˈspeʃəlist]
- pie speciālista

You'll have to have an operation.
[juːl hæv tə hæv ən ˌɒpəˈreiʃən]
Jums nepieciešama operācija.

Slimnīcā

Uzraksti

ADMISSIONS	EMERGENCIES
Uzņemšana	Neatliekamā palīdzība

VĀRDNĪCA: slimnīcas nodaļas

ambulatorā n.	out-patients [ˈaʊtpeiʃənts]
bērnu n.	children's ward [ˈtʃildrənz wɔːd]
ginekoloģijas n.	gynaecological unit [ˈgainikəˈlɒdʒikəl ˈjuːnit]
kardioloģijas n.	cardiology ward [ˌkaːdiˈɒlədʒi wɔːd]
ķirurģijas n.	surgical ward [ˈsɜːdʒikəl wɔːd]
operāciju zāle	operating theatre [ˌɒpəˈreitiŋ ˈθiətə]
ortopēdijas n.	orthopaedic department [ˌɔːθəʊˈpiːdik diˈpaːtmənt]

rentgenoloģijas n.   X-ray unit / department

['eksrei 'ju:nit / di'pa:tmənt]

terapeitiskā n.   medical ward ['medikəl wɔ:d]

Lūdzu, paziņojiet manai ģimenei.

Please notify my family.

[pli:z 'nəʊtifai mai 'fæmili]

Kad atnāks ārsts?

When will the doctor come?

[wen wil ðə 'dɒktə kʌm]

Kad ir ...?

When is / are ...? [wen iz / a:]

   - ārsta apgaitas laiks?

   - the doctor doing his round

   [ðə 'dɒktə 'dʊiŋ hiz raʊnd]

   - viesu laiks

   - the visiting hours [ðə 'vizitiŋ 'aʊəz]

   - ēšanas laiks

   - meal-times ['mi:ltaimz]

Kurā palātā ir ...?

Where do I find Mr. / Mrs. / Ms. ...?

[weə dʊ ai faind 'mistə / 'misiz / miz]

Kur atrodas ...?
Where's ...? [weəz]

  - ... nodaļa
  - the ... department / ward
    [ðə .. di'pɑːtmənt / wɔːd]

  - palāta Nr. ...
  - room No. ... [ruːm 'nʌmbə]

Kur es varu atrast ...?
Where do I find the ...? [weə dʊ ai faind ðə]

  - ārstu
  - doctor ['dɒktə]

  - ordinatoru
  - consultant [kən'sʌltənt]

  - medmāsu
  - nurse [nɜːs]

Man sāp.
I've pain. [aiv pein]

Es gribu dzert.
I'm thirsty. [aim 'θɜːsti]

Man nav ēstgribas.
I've no appetite. [aiv nəʊ 'æpitait]

Es gribu ... .
I'd like... . [aid laik]
   - uz tualeti
   - to go to the toilet [tə gəʊ tə ðə 'tɒilit]

   - pretsāpju līdzekli / miega zāles
   - to get a pain killer / sleeping tablet / pill
     [tə get ə pein 'kilə / sli:piŋ 'tæblət / pil]

   - piezvanīt
   - to make a phone call [tə meik ə fəʊn kɔ:l]

Kad mani izrakstīs?
When will I be discharged?
[wen wil ai bi: dis'tʃɑ:dʒd]

Es gribētu saņemt izziņu par atrašanos slimnīcā.
I need a form to certify my stay at the hospital.
[ai ni:d ə fɔ:m tʊ 'sɜ:tifai mai stei ət ðə 'hɒspitəl]

Pie zobārsta

apakša	bottom [ˈbɒtəm]
augša	top [tɒp]
caurums	cavity [ˈkæviti]
kronītis	crown [kraʊn]
plomba	filling [ˈfiliŋ]
protēze	denture [ˈdentʃə]
smaganas	gums [gʌmz]
zobs	tooth [tu:θ]
zobi	teeth [ti:θ]
zobu sāpes	toothache [ˈtu:θeik]
mute	mouth [maʊθ]

Man ... .
I have ... . [ai hæv]

- **sāp zobs**
- a toothache [ə ˈtu:θeik]

- **piepampušas smaganas**
- a swollen gum [ə ˈswəʊlən gʌm]

- **asiņo smaganas**
- bleeding gums [ˈbli:diŋ gʌmz]

- nolūza zobs
- a broken tooth [ə ˈbrəʊkən tu:θ]

Man izkrita plomba.
A filling has come out. [ə ˈfɪlɪŋ həz kʌm aʊt]

Lūdzu, ...
Please ... . [pli:z]
    - aizplombējiet zobu
    - put in a filing [pʊt in ə ˈfɪlɪŋ]

    - izraujiet zobu
    - pull this tooth [pʊl ðis tu:θ]

    - noņemiet sāpes
    - do something for the pain
    [dʊ ˈsʌmθɪŋ fɔ: ðə peɪn]

Biežāk uzdotie jautājumi un saņemtās atbildes

Vai jūs varat salabot šo protēzi?
Can you repair this denture?
[kæn ju: rɪˈpeə ðis ˈdentʃə]

Open your mouth, please!
[ˈəʊpən jɔ: maʊθ pli:z]
Lūdzu, atveriet muti.

I have to X-ray it. [ai hæv tə ˈeksrei it]
Tam nepieciešams rentgens.

Are you allergic (to ...)? [ɑː juː əˈlɜːdʒik (tʊ)]
Vai jums ir alerģija (pret ...)?

I'll give you ... . [ail giv juː]
Es ... .
    - an injection [ən inˈdʒekʃən]
    - izdarīšu injekciju

    - a pain killer [ə pein ˈkilə]
    - iedošu pretsāpju līdzekli

Please rinse your mouth!
[pliːz rins jɔː maʊθ]
Lūdzu, izskalojiet muti.

Please don't eat for two hours.
[pliːz dəʊnt iːt fɔː tuː ˈaʊəz]
Lūdzu, divas stundas neēdiet.

I have to take it out. [ai hæv tə teik it əʊt]
Tas būs jāizrauj.

Samaksa

Cik es esmu jums parādā?
How much do I owe you? [haʊ mʌtʃ dʊ ai əʊ ju:]

Man ir apdrošināšana.
I have insurance. [ai hæv inˈʃʊərəns]

Vai jūs neaizpildītu šo apdrošināšanas veidlapu?
Would you fill in this health insurance form, please?
[wʊd ju: fil in ðis helθ inˈʃʊərəns fɔ:m pli:z]

Vai jums ir veselības apdrošināšana?
Have you got health insurance?
[hæv ju: gɒt helθ inˈʃʊərəns]

Aptiekā

ATCERIES!

aptieka   chemist's (*Lielbr.*)
                drugstore (*ASV*)

Kur ir tuvākā aptieka?
Where is the nearest chemist's (*Lielbr.*) /
drugstore (*ASV*)?
[weə iz ðə ˈniərist ˈkemists / ˈdrʌgstɔ:]

Es gribu saņemt zāles pēc šīs receptes.
I need to have this presciption filled.
[ai ni:d tə hæv ðis prə'skripʃən fild]

Kad tās būs gatavas?
When will it be ready?
[wen wil it bi: 'redi]

Vai varu pagaidīt?
Shall I wait? [ʃæl ai weit]

Man, lūdzu, kaut ko pret ... .
Please give me something for ... .
[pli:z giv mi: 'sʌmθiŋ fɔ:]

    - klepu
    - a cough [ə kɒf]

    - iesnām
    - a cold [ə kəʊld]

    - galvassāpēm
    - a headache [ə 'hedeik]

    - dedzināšanu (grēmām)
    - heartburn ['hɑ:tbɜ:n]

    - bezmiegu
    - insomnia [in'sɒmniə]

- **caureju**
  - diarrhoea [daiəˈriə]

- **aizcietējumu**
  - constipation [ˌkɒnstiˈpeiʃən]

Do you have an analogue?
[Dʊ ju: hæv ən æˈnələg]
Vai jums ir analogs zālēm?

Vai es varu nopirkt šīs zāles bez receptes?
Can I buy this medicine without a
prescription?
[kæn ai bai ðis ˈmedsin wiðˈaʊt ə prəˈskripʃən]

Es atnākšu vēlāk.
I'll come back later. [ail kʌm bæk ˈleitə]

This drug is available only on prescription.
[ðis drʌg iz əˈveiləbl ˈəʊnli ɒn prəˈskripʃən]
Šīs zāles pārdod tikai ar recepti.

VĀRDNĪCA: zāļu formas

kapsulas	capsules [ˈkæpsju:lz]
mikstūra	mixture [ˈmikstʃə]
pastiļas	pastilles [ˈpæstilz]
pilieni	drops [drɒps]

---

sūkājama (klepus) cough lozenges

    tablete ['kɒf 'lɒzindʒiz]

svecītes suppositories [sə'pɒzitəriz]

tabletes pills / tablets [pilz / 'tæblits]

tinktūra tincture ['tiŋktʃə]

ziede cream / ointment [kri:m / 'ɔintmənt]

Informācija uz zāļu iepakojuma vai instrukcijā

indications / applications	indikācijas / lietošanas veids
interactions	mijiedarbība
side-effects	blakusparādības (blaknes)
dosage and mode of application	lietošanas devas un veids
ten drops / tablets	desmit pilieni / tabletes
one teaspoon	viena tējkarote
every twelve hours	ik pēc 12 stundām
three times a day	trīs reizes dienā
before / after / during meals	pirms ēšanas / pēc ēšanas / ēšanas laikā
in the morning / evening	no rīta / vakarā
on an empty stomach	tukšā dūšā
orally	iekšķīgi
chew	košļāt
dissolve in water	šķīdināt ūdenī

swallow whole	norīt nekošļājot
rectally	rektāli
for external	ārīgai lietošanai
application	

JA ESI NONĀCIS NEPATĪKAMĀ SITUĀCIJĀ

Uzraksti

WATCH OUT! LOOK OUT!	**MIND YOUR HEAD!**
Uzmanies!	Uzmanību! Sargi galvu!
MIND THE STEP!	**DANGER! HIGH VOLTAGE!**
Uzmanību, pakāpiens!	Bīstami, augsts spriegums!
BEWARE OF THE DOG!	**EMERGENCY TELEPHONE**
Uzmanību! Nikns suns!	Telefons ārkārtas gadījumiem

Satiksmes negadījums, ugunsgrēks u.c. neparedzēti gadījumi

Palīgā!
Help! [help]

Lūdzu, palīdziet!
Please help! [pli:z help]

Ugunsgrēks!
There's a fire! [ðeəz ə 'faiə]

Es esmu ievainots!
I'm injured! [aim 'indʒəd]

Lūdzu, izsauciet ...!
Call / Get ...! [kɔ:l / get]
   - ārstu
   - a doctor [ə 'dɔktə]

   - ugunsdzēsējus
   - the fire brigade [ðə 'faiə bri'geid]

   - ātro palīdzību
   - an ambulance [ən 'æmbjʊləns]

   - policiju
   - the police [ðə pə'li:s]

   - glābšanas laivu
   - a lifeboat [ə 'laifbəʊt]

Ātrāk! Tas ir steidzami!
Quick! It's urgent! [kwik its 'ɜ:dʒənt]

Kur ir tuvākā slimnīca?
Where's the nearest hospital?
[weəz ðə 'niərist 'hɒspitəl]

No kurienes es varu piezvanīt?
Where can I make a phone call?
[weə kæn ai meik ə fəʊn kɔ:l]

Ir noticis ceļu satiksmes negadījums ... .
There has been a traffic accident ... .
[ðeə hæz bi:n ə 'træfik 'æksidənt]

   - uz ceļa uz ...
   - on the road to ... [ɒn ðə rəʊd tʊ]

   - virzienā uz ...
   - in the direction of ... [in ðə di'rekʃən əv]

   - netālu no ...
   - near ... [niə]

Ir viegli / smagi ievainotie.
There are persons slightly / badly injured.
[ðər ɑ: 'pɜ:sənz 'slaitli / 'bædli 'indʒəd]

Es esmu apmaldījies.
I'm lost. [aim lɒst]

Nozagtas vai pazaudētas mantas

Kur atrodas ...?
Where's the ...? [weəz ðə]
- **policijas iecirknis**
- police station [pə'li:s 'steiʃən]

- **atrasto mantu birojs**
- lost property office (*Lielbr.*) / lost and found (*ASV*)
  [lɒst 'prɒpəti 'ɒfis / lɒst ənd faʊnd]

Es nevaru atrast ... .
I can't find my ... . [ai kɑ:nt faind mai]
- **atslēgas**
- keys [ki:z]

- **autovadītāja apliecību**
- driving licence ['draiviŋ 'laisəns]

Esmu pazaudējis ... .
I've lost my ... . [aiv lɒst mai]
- **dokumentus**
- documents ['dɒkjʊmənts]

- **pasi**
- passport ['pɑ:spɔ:t]

- **maku**
- wallet ['wɒlit]

- **fotoaparātu**
- camera [ˈkæmərə]

Mani aplaupīja.
I've been robbed. [aiv biːn rɒbd]

Es šeit atstāju savu mēteli.
I left my coat here. [ai left mai kəʊt hiə]

Varbūt kāds ir atradis ...?
By any chance, has ... been handed in?
[bai ˈæni tʃɑːns hæz ... biːn ˈhændid in]

Vai es katram gadījumam drīkstu atstāt savu adresi?
Just in case, could I leave my address?
[dʒʌst in keis kʊd ai liːv mai əˈdres]

Mani ... .
I was ... . [ai wɒz]
- **aplaupīja**
- robbed [rɒbd]

- **piekāva un aplaupīja**
- mugged [mʌgd]

Man nozaga dokumentus.
My documents were stolen.
[mai ˈdɒkjʊmənts weə ˈstəʊlən]

Man nozaga naudu.
My money was stolen. [mai ˈmʌni wɒz ˈstəʊlən]

Es vēlos paziņot par noziegumu.
I want to report a crime. [ai wɒnt tə riˈpɔːt ə kraim]

Man piedraudēja ar nazi.
I was threatened with a knife.
[ai wɒz ˈθretənd wið ə naif]

Man uzbruka.
I was attacked. [ai wɒz əˈtekt]

Biežāk uzdotie jautājumi un saņemtās atbildes

What's missing? [wɒts misiŋ]
Kas pazudis? (Kas trūkst?)

Where did it happen? [weə did it ˈhæpən]
Kur tas notika?

Were you alone? [wɜː juː əˈləʊn]
Vai jūs bijāt viens pats?

Are there any witnesses?
[ˈɑː ðeə eni ˈwitnəsiz?]
Vai jums ir liecinieki?

When did it happen? [wen did it ˈhæpən]
Kad tas notika?

Where are you staying? [weə ɑ: ju: ˈsteiiŋ]
Kur jūs esat apmeties?

Where were you at the time?
[weə weə ju: ət ðe taim]
Kur jūs bijāt tajā laikā?

Where was it taken from?
[weə wɒz it ˈteikən frɒm]
No kurienes to nozaga?

Could you describe the items and state their value?
[kʊd ju: diˈskraib ðə ˈaitəmz ənd steit ðeə ˈvæljʊ]
Vai jūs varat aprakstīt nozagtos priekšmetus un norādīt to vērtību?

Would you like to leave an address and a phone number where you could be contacted? [wʊd ju: laik tə li:v ən əˈdres ənd ə fəʊn ˈnʌmbə weə ju: kʊd bi: ˈkɒntæktid]
Vai jūs vēlaties atstāt savu adresi un telefona numuru, lai mēs varētu ar jums sazināties?

Can you describe your attacker?
[kæn ju: diˈskraib jɔ: əˈtækə]
Vai jūs varat aprakstīt uzbrucēju?

287

We'll get an interpreter for you.
[wi:l get ən in'tɜ:prɪtə fɔ: ju:]
Mēs uzaicināsim tulku.

We'll look into the matter.
[wi:l lʊk in'tu: ðə 'mætə]
Mēs visu pārbaudīsim.

Could you please fill in this form.
[kʊd ju: pli:z fil in ðis fɔ:m]
Lūdzu, aizpildiet šo veidlapu.

Pielikums

Angļu mēri un svari – English measures and Weights

Garuma mēri – linear measures

1 inch	= 2,54 cm
1 foot	= 30,48 cm
1 yard	= 91,44 cm
1 [statute] mile	= 1,609 m
1 nautical mile	= 1,853 m

Svara vienības – measures of weight

1 ounce	= 28,35 g
1 pound	= 453,59 g
1 stone	= 6,35 kg
1 hundredweight	= 50,8 kg
1 ton	= 1016,048 kg

Tilpuma mēri – measures of capacity

1 pint	= 0,56 l
1 quart	= 1,14 l
1 gallon	= 4,55 l
1 acre	= 0,4 ha

THE NUMERAL ['nju:mərəl]
SKAITĻA VĀRDS

Cardinals ['kɑ:dinəlz]
Pamata skaitļa vārdi

0–19	20–100
0 nought [nɔ:t]	20 twenty ['twenti]
1 one [wʌn]	30 thirty ['θɜ:ti]
2 two [tu:]	40 forty ['fɔ:ti]
3 three [θri:]	50 fifty ['fifti]
4 four [fɔ:]	60 sixty ['siksti]
5 five [faiv]	70 seventy ['sevnti]
6 six [siks]	80 eighty ['eiti]
7 seven ['sevn]	90 ninety ['nainti]
8 eight [eit]	100 one (a) hundred
9 nine [nain]	[hʌndrəd]
10 ten [ten]	
11 eleven [i'levn]	21 twenty-one
12 twelve [twelv]	22 twenty-two
13 thirteen ['θɜ:'ti:n]	35 thirty-five
14 fourteen ['fɔ:'ti:n]	99 ninety-nine
15 fifteen ['fif'ti:n]	
16 sixteen ['siks'ti:n]	
17 seventeen ['sevn'ti:n]	101 one hundred and one
18 eighteen ['ei'ti:n]	1 000 one (a) thousand
19 nineteen ['nain'ti:n]	1 000 000 one (a) million

Ordinals ['ɔ:dɪnəlz]

Kārtas skaitļa vārdi

1.–19.	20.–90.
1. the first [fɜ:st] = 1st	20. the twentieth ['twentiəθ]
2. the second ['seknd] = 2nd	30. the thirtieth ['θɜ:tiəθ]
3. the third [θɜ:d] = 3rd	40. the fortieth ['fɔ:tiəθ]
4. the fourth [fɔ:θ] = 4th	50. the fiftieth ['fiftiəθ]
5. the fifth [fifθ] = 5th	60. the sixtieth ['sikstiəθ]
6. the sixth [siksθ] = 6th	70. the seventieth ['seventiəθ]
7. the seventh ['sevnθ] = 7 th	80. the eightieth ['eitiəθ]
8. the eighth [eitθ] = 8 th	90. the ninetieth ['naintiəθ]
9. the ninth [nainθ] = 9 th	
10. the tenth [tenθ] = 10 th	
11. the eleventh [i'levnθ] = 11 th	
12. the twelfth [twelfθ] = 12 th	
13. the thirteenth ['θɜ:'ti:nθ]	
14. the fourteenth ['fɔ:'ti:nθ]	
15. the fifteenth ['fif'ti:nθ]	
16. the sixteenth ['siks'ti:nθ]	
17. the seventeenth ['sevən'ti:nθ]	
18. the eighteenth ['ei'ti:nθ]	
19. the nineteenth ['nain'ti:nθ]	

21. the twenty-first	100. the one hundredth ['hʌndrədθ]
22. the twenty-second	101. the one hundred and first
35. the thirty-fifth	1 000. the one thousandth ['θaʊzəndθ]
99. the ninety-ninth	1 000 000. the one millionth ['miljənθ]

Vulgar fractions and decimals

Daļskaitļi

½	a half	puse
⅓	one / a third	viena trešdaļa
¼	one / a quarter	viena ceturtdaļa
¾	three quarters	trīs ceturtdaļas
1 ¾	one and three quarters	viens un trīs ceturtdaļas
0.5	nought point five / point five / zero point five *amer.*	nulle komats pieci
2.542	two point five four two	divi komats pieci simti četrdesmit divi

The time

Laiks

an hour = 60 minutes

1 stunda = 60 minūtes

half an hour = 30 minutes

pusstunda = 30 minūtes

a quarter of an hour =
   15 minutes

ceturtdaļstunda =
   15 minūtes

three quarters of an hour =
   45 minutes

trīs ceturtdaļstundas =
   45 minūtes

«Izdevniecība Avots» piedāvā dažādas angļu valodas vārdnīcas

Angļu – latviešu vārdnīcā iekļauts ap 3300 vārdu ar piemēriem angļu valodā, kam dots tulkojums latviešu valodā. Pielikumos sniegts interesants, izsmeļošs materiāls, kas palīdzēs apgūt angļu valodas gramatikas pamatus. (17 x 24 cm)

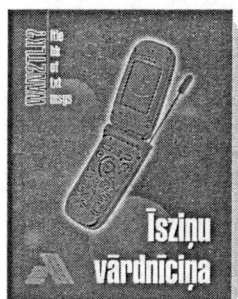

Īsziņās un interneta sarakstē izmantojamie simboli (8,2 x 10,5 cm)

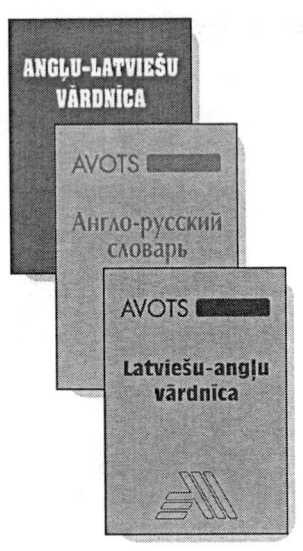

Liliputizdevumi,
6000 vārdu, 510 lpp.
(3,5 x 5 cm)

Angļu – latviešu/latviešu – angļu vārdnīca

85 000 vārdu, 1084 lpp.
(17 x 24 cm)

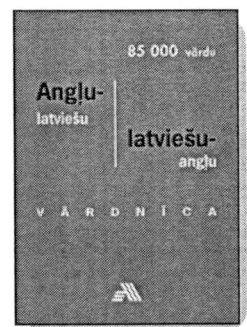

Latviešu – angļu/angļu – latviešu vārdnīca

25 000 vārdu, 543 lpp.
(11,5 x 16,5 cm)

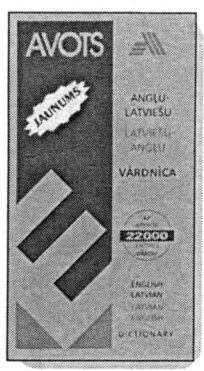

Angļu – latviešu/latviešu – angļu vārdnīca

22 000 vārdu, 655 lpp.
(7,5 x 13,5 cm)

SIA «Izdevniecība Avots» grāmatas var iegādāties
Puškina ielā 1a, tālrunis 7212612,
e-pasts: avots@apollo.lv
www.vardnicas.lv

Redaktors *Jānis Līmežs*

Korektore *Ilze Čerņevska*

Datormaketētājs *Juris Karčevskis*

Reģistrācijas apl. Nr. 000330791. Formāts 70×90/32.
SIA «Izdevniecība Avots» Puškina ielā 1a, Rīgā, LV–1050.
Iespiesta un iesieta a/s «Preses nams», Balasta dambī 3,
Rīgā, LV–1081.